BITOUZET

BITOUZET

JOURNAL 2016

JFE
JACQUES FLAMENT EDITIONS

ISBN : 978-2-36336-313-8

Dépôt légal : 2e trimestre 2017

44, rue principale - 08380 LA-NEUVILLE-AUX-JOÛTES
www.jacquesflamenteditions.com

À Jule.

Ce qui est affirmé sans preuve,
peut être nié sans preuve.

EUCLIDE
environ 325-265 avant J.-C.

PRÉFACE

On ne sait pas pourquoi ça arrive. Pourquoi deux regards se croisent, pourquoi, au cœur d'une assemblée, d'une réunion, d'une soirée, deux personnes se rencontrent. On parle de phéromones en amour, en amitié on ne dit pas ce que c'est. Mais ça arrive, *ça*. Le truc qui passe d'une personne à une autre sans que personne n'y comprenne rien.

Dans le cas d'Alexandra Bitouzet, c'est d'autant plus surprenant que le jour où nous nous sommes rencontrés, elle était accompagnée de sa sœur jumelle, Lili. Qui veut dire que le regard d'Alexandra se doublait de celui, identique, de sa sœur. Qu'en somme, ce qui s'est passé entre Alexandra et moi aurait pu se passer entre Lili et moi. De la même façon que, dans les mois qui suivraient, je serais témoin de situations où quelqu'un se posterait devant Lili, la prenant pour Alexandra, et lui dirait : tu ne me reconnais pas ? Et le quiproquo qui s'ensuit (et qui certainement lasse les jumeaux et les jumelles de tous horizons).

Non.

Alexandra m'a regardé, j'ai regardé Alexandra, et *quelque chose* est passé. On n'a pas cherché plus loin, on a pris le truc comme il venait : Félicie Dubois, notre éditrice commune alors, nous a présentés l'un à l'autre, puis on s'est assis sagement et on a écouté Mathieu Simonet chez qui nous nous trouvions faire une lecture du petit livre que lui aussi publiait chez Emoticourt, *Les corps fermés*.

Je me souviens aussi du jour où Alexandra et moi avons décidé d'écrire ensemble : elle avait un pansement autour de la tête et j'avais le coude cassé — je ne portais pas de plâtre, le médecin avait décidé de laisser la nature faire son boulot, il avait dit : ça va faire mal mais vous allez récupérer plus vite. Je tapais de la main gauche, sur le clavier de l'ordinateur, l'écriture ne m'abandonnait pas. Je me trouvais chez un ami, près de Nîmes, j'avais pris de la distance avec Paris et le passage d'une histoire à une autre, la fin d'un amour et la rencontre avec Éric. Alexandra et moi nous nous parlions par sms, mail, *Facebook*, on utilisait les moyens modernes, tous, mis à notre disposition et on s'approchait l'un de l'autre, ou plutôt : nous rapprochions nos écritures l'une de l'autre. Nous avions décidé ce jour-là d'écrire ensemble, et là encore il faut être précis : nous nous étions mis d'accord sur un dialogue qu'elle commencerait et que nous poursuivrions au fil des envois de l'un à l'autre. Nous avions lu cet échange à La Charité-sur-Loire (Alexandra y fait allusion dans les pages de ce *Journal*) devant un spectateur unique qui, au beau milieu de cette première fois, nous avait interrompus parce qu'il devait s'en aller. Nous n'avions rien dit parce que nous étions coupables, Alexandra et moi, de quelque chose d'indéfini, mais qui nous rapprochait. C'était aussi le titre de notre échange, *Les Coupables*.

Quand Alexandra a rejoint l'écurie de Jacques Flament, j'ai été heureux que nous partagions à nouveau un éditeur. C'était encore ce *ça* entre nous, qu'on ne comprend pas, mais qui disait d'une manière simple : qu'on était compatible. Nous. Nos écritures surtout. Lorsque l'on se parle, Alexandra et moi, lorsque l'on parle de nous, il faut garder à l'esprit que l'écriture est omniprésente. Que si l'on devait parler de couple pour nous qualifier, ce serait un couple à trois. Ou peut-être que ce ne serait pas un couple du tout mais simplement : l'écriture, et ses prolongements humains. Comme si l'écriture était une sorte de monstre tentaculaire dont nous serions les terminaisons, nous, les écrivains, du moins : certains écrivains relatifs à une même écriture, qui les relierait. Cette écriture du moi que l'on nous reproche parfois, que l'on se reproche à soi-même souvent, au point que certains jours, on se demande si on a le droit d'écrire.

Sa vie.

La leur, celle de ceux qui nous entourent.

Le *Journal*. Avec un grand *J*.

Le *Journal* avec un grand *J*, c'est un autre monstre, hybride, qui rapproche un certain type d'écrivains les uns des autres. Preuve en est que ce titre-là ne varie pas de l'un à l'autre. Parfois on y ajoute un sous-titre, une précision, une datation, une citation. Mais que ce soit pour Kafka, pour Woolf, pour Plath, pour Callès, Emery, Herrou et pour Bitouzet aujourd'hui, le *Journal* s'intitule ainsi.

Il n'en démord pas.

Il mord certainement, la main qui s'approche de lui, et parfois il se mord lui-même – que ce soit la queue en se courant après ou la patte jusqu'au sang, pour se délivrer de quelque chose, un piège quelconque, une culpabilité là encore : celle de se dire, celle de se montrer à visage découvert, celle de s'aimer certains jours et de ne pas s'aimer les autres, et de tendre vers l'autre, vers vous, ce miroir dans lequel vous vous regarderez vous-même avec vos forces et vos faiblesses.

Quelles sont les forces d'Alexandra Bitouzet ?

Sa prose unique, puissante, orale presque, sa voix qui enfle quand elle est en colère, contre les autres, contre la société, contre elle-même, sa syntaxe qui désarçonne d'une phrase à l'autre, cette simplicité qu'elle a à faire croire qu'elle ne sait pas écrire – une espèce de modestie, de classe peut-être, une timidité, une incapacité à accepter que l'on est meilleur(e) qu'un(e) autre – alors que tout est juste, que tout est neuf même dans la narration des choses les plus communes (le travail, la famille) et des sentiments les plus partagés (la peur, l'amour).

La peinture, unique là encore, qu'elle donne de ce noyau indestructible qu'elle a construit autour d'elle, les poings et les dents serrés, et qu'elle protège bien plus qu'elle ne s'épargne : son fils, Léopold, sa fille, Elisa, et l'homme de sa vie, Jule.

Entrer dans le *Journal* d'Alexandra Bitouzet, c'est se hisser sur la pointe des pieds d'abord pour saisir une image d'ensemble de ce noyau familial : un canapé, une télévision, des boucles blondes, un hamster et la main calleuse, sûre d'un agriculteur. C'est s'en approcher ensuite, au plus près des corps et des sentiments, à travers ceux d'Alexandra, et comprendre, peut-être pour la première fois, ce que c'est qu'une femme, qu'un écrivain, qu'une amante et qu'une mère. Pour la première fois, j'insiste : la force de l'écriture d'Alexandra, c'est d'incarner l'espace de ces quelques pages, toutes les femmes et toutes les mères.

Ce n'est pas donné à tout écrivain.

Ce n'est pas donné à Alexandra : c'est pris au moyen d'une lutte sans merci avec soi. Parce qu'être écrivain, et être écrivain *comme ça*, avec une telle intensité, ne rend pas plus fort, non. Au contraire, ça fragilise, ça pose des questions, ça ébranle, ça émeut, parfois même ça tue.

Ses faiblesses à présent ?

Peut-être ces moments où le quotidien, la société, le travail prennent le dessus, où l'écriture, à force de se heurter à la vie, vacille et trébuche, ces pages où l'écrivain doute, d'elle-même, de l'écriture. Ces moments où le *Journal n'introspecte* plus le *je*, mais se retourne contre lui-même et se remet en question.

Les pages que vous allez lire sont rares.

À la fois par leur qualité, mais aussi parce qu'au terme de ce *Journal* inachevé, Alexandra Bitouzet a décidé de ne plus écrire. Ce n'est pas un suspense que je romps : c'est une donnée capitale pour entrer pleinement dans cette lecture.

Savourez-la.

LAURENT HERROU
Février 2017

JANVIER

Le début ne laisse pas présager la fin.

HÉRODOTE

Vendredi 1er janvier.

Une des dernières choses que j'ai faite en 2015 a été de me couper les ongles des pieds. On réveillonnait chez moi, chez nous, j'allais enfiler mes tongs (réchauffement climatique oblige) et ma sœur, attentive aux moindres détails, allait me demander si je me laissais pousser les griffes. Alors avant que tout le monde arrive, je les avais taillés. Elle n'avait rien remarqué. La température ce jour-là était si relativement élevée qu'on avait envisagé de faire un barbecue plutôt qu'un cuissot de chevreuil. C'est Jule qui avait proposé de s'occuper de tout. Les courses et le dîner. Il avait réalisé un foie gras maison pour la seconde fois. Le premier était mi-cuit, le deuxième, pas cuit du tout. Mais pour faire honneur, on avait mangé. Aussi parce que Jule a un sacré caractère et que s'il s'était vexé, ça aurait rapidement pu dégénérer et comme la soirée avait tout juste commencé, et que tout semblait bien se passer, on avait tout mangé en faisant des *hum !* de grande satisfaction ! Lili était venue avec Valérie, une amie parisienne très sympa et très partante pour faire la fête. Valérie a passé la soirée à nous offrir des cigarettes, des fines. « Des clopes de putes », elle disait. Nous, on s'en foutait, on fumait à l'œil. À chaque fois qu'on ouvrait la porte-fenêtre, pour sortir fumer, quelqu'un m'arrachait le dessus du pied à cause des tongs.

J'avais écrit un texte juste avant le réveillon de Noël. J'y disais que je ne voulais pas réveillonner. C'est Lili qui recevait et elle avait été un petit peu vexée. Fragile liberté d'expression. Je lui avais plus ou moins expliqué, les fêtes c'est compliqué, surtout cette année, avec tous ces morts qu'on se traîne et puis surtout, ce n'était pas mon tour d'avoir mon fils le 24. C'est une chose à laquelle on ne pense pas lorsqu'on divorce, par consentement mutuel ou pas. Une chose à laquelle on n'est jamais préparée, les fêtes sans nos enfants. Les anniversaires, les nôtres et leurs anniversaires surtout, sans eux. Les festivités ratées. Les larmes aux mauvaises dates. Les larmes qui emmerdent tout le monde. Et puis les conseils des gens : « ça va, il est pas mort », « force-toi un peu pour ta fille ! », « sympa pour ceux qui se font chier à recevoir ». J'avais donc mis le paquet pour le 31, de toute façon, j'avais mon fils et aucune excuse valable.

Jule aussi avait mis le paquet. Mais quand il avait voulu le découper, le cuissot était tombé par terre, avait glissé dans le jus, dans le gras de la sauce. Jule était passablement agacé de laver le sol alors que la fête battait son plein et que nous dansions sur *Cotton Eye Joe* de Rednex. À minuit, on s'était tous chaleureusement embrassés. Vers deux heures, Anne-Marie était venue nous souhaiter la Bonne Année, elle était plutôt guillerette. On avait fini de se bourrer la gueule ensemble et on était partis se coucher chacun de notre côté.

Le soleil commençait son ascension.

2016 pouvait pointer son nez, je l'attendais.

J'avais les ongles de pieds taillés.

Dimanche 3 janvier.

Jacques Flament m'a appelée le 31 décembre. J'étais au boulot. Quand j'ai vu son nom s'afficher sur l'écran LCD de mon *iPhone*, je me suis demandée ce qu'il voulait. On avait bouclé le *Bunker* qui était sorti 15 jours plus tôt. On n'avait pour l'instant plus rien à se dire même si lui comme moi avions la même idée derrière la tête. Je le sentais. Il m'a demandé si j'avais envie d'écrire mon *Journal*, je lui ai dit que oui, j'en avais une folle envie, j'y pensais sans oser le lui demander, j'attendais que ça vienne de lui, prenant le risque que ça ne vienne jamais.

C'est venu et maintenant je ne sais plus.

Mercredi 6 janvier.

Il paraît que hier soir Jule m'a couchée, qu'il m'a portée jusqu'au lit. Il parait que du canapé à notre lit, durant toute la traversée du couloir, je n'ai eu de cesse de lui répéter combien il était fort, combien il était grand. Je caressais ses bras, les muscles saillants de mon homme fort, mon bûcheron, mon paysan et puis son torse, sec et puissant. Mon Charles Ingalls à moi. Ivre, je suis sa Caroline.

Il paraît qu'il m'a posée sur le lit et m'a déshabillée et pendant tout ce temps, je continuais de lui dire qu'il était le plus beau, le plus fort et le plus grand. Jule est un homme peu présent quand tout va bien mais très prévenant quand j'ai besoin. Il ne passera jamais plus de douze secondes à caresser délicatement ma chevelure mais il peut en revanche tenir ma tête pendant des minutes, ma tête malade au-dessus d'une cuvette et simultanément éponger mon front et me rassurer. Me dire que tout ira bien quand je vois la mort partout. Parce qu'elle rôde autour de moi depuis des années. Parce que j'ai été élevée comme ça, dans sa crainte et même si parfois je l'ai provoquée, je n'ai à présent plus peur d'elle. C'est l'absence que je crains. Mais donnez-moi une gueule de bois et un combiné téléphonique et je préviens les secours, le *samu*, le 17, les pompes funèbres. Avec tous ces numéros, on ne sait plus qui appeler alors on alerte le monde entier.

Au petit matin brumeux, vomir le ventre vide, la douleur qui prend, qui vous retourne l'intérieur, qui brûle et irradie le corps. La douleur pathétique du retour de cuite. Jule me dit de rester calme. Allongée sur le sol du petit cabinet de toilettes, je gémis en collant ma joue sur le carrelage comme quand petite j'avais une gastro et que je cherchais le froid. J'ai du vomi sur mon pull et dans mes cheveux, de la bile plutôt, une mèche humide est collée à mon front. Je vais mourir, je le sens, je le dis, je le supplie d'appeler les secours. Mais Jule n'en fait rien, n'appelle personne. Il va me falloir assumer ma cuite dans un silence de monastère. Si je sais boire, je dois apprendre à déboire. C'est lui qui ramasse quand je casse tout. C'est lui qui nettoie mon vomi quand je bois trop. Il soigne mes gueules de bois, apaise mes migraines, fait peau neuve à mon foie. C'est vrai qu'au réveil quand il m'a raconté, je n'avais pas souvenir de grand-chose et je ne crois pas qu'il ait tout inventé. Jule a des défauts mais il n'est pas menteur, encore moins si c'est dans le but de se faire mousser. Il ment pour d'autres choses. Il ment quand il va à la pêche alors qu'on a mille choses à faire, que moi je cours partout, chercher les mômes à l'école, à la garderie et que lui, la gaule à la main, me dit qu'il sort tout juste du boulot. Il ment quand il me dit qu'il n'a pas bu une goutte d'alcool de la journée et que je l'entends se servir un verre dans mon dos, un verre qu'il boit cul sec, si vite que le temps de me retourner, le verre est déjà lavé, essuyé, rangé. Il ment quand on s'engueule, qu'il dit ne plus m'aimer, qu'il dit me détester. Mais ces mensonges-là n'en sont pas des vrais. Ces mensonges-là sont le fonctionnement normal de notre couple. Nous nous chamaillons beaucoup parce que nous sommes deux grands gamins s'approchant à pas de loup vers la quarantaine.

J'étais cependant loin de me souvenir de m'être autant beurrée la gueule.

Heureusement, Jule est ma mémoire.

Jeudi 7 janvier.

J'avais haï pas mal de monde pendant les quinze derniers jours. Je les avais même listés. Ça commençait par ceux, simplement ceux, qui étaient entourés de tous leurs petits, pendant les fêtes. Ça s'était normalement étendu à ceux qui avaient eu des vacances, pendant les fêtes. Pire, ceux qui étaient partis en vacances avec leurs petits, pendant les fêtes.

J'avais détesté voir le bonheur dans leur sourire, sur les photos qu'ils postaient sans pudeur aucune sur *Facebook*. J'avais détesté leur énorme sapin de Noël et leurs impressionnants monticules de cadeaux si joliment emballés. J'avais vomi leurs huîtres, leur foie gras et leur dinde farcie bourrée jusqu'à la garde. Alors j'avais désactivé de mon fil d'actualités *Facebook* les clichés joyeux, ne conservant que les dépressifs jusqu'à la fin d'année. Mais eux aussi m'esquintaient. J'avais des envies étranges.

De dépecer.

Laisser pourrir.

Abandonner.

Recommencer.

Il était temps de reprendre l'habitude d'aimer un peu les gens. Ou tout du moins, d'essayer. De réactiver certains fils. Me reconnecter, retenter d'aimer, surtout aujourd'hui. Un an après le drame de *Charlie Hebdo* et cette sommation de nous aimer tous, bordel de merde.

Vendredi 8 janvier.

Laurent Herrou m'avait appelée quelques jours auparavant et on avait parlé du *Journal*. Il disait que c'était chouette que je participe, qu'il était curieux de comprendre comment j'écrivais et d'où venait la violence de mes textes. J'étais curieuse aussi. Déjà parce que ce que les autres appelaient violence, moi je le nommais lucidité. Je ne trouvais pas mon écriture violente. Je me trouvais violente, moi, pas envers les autres, envers moi uniquement. Je me sentais parfois en danger de moi-même mais je me savais bienveillante envers les autres. Peut-être que c'est cela qu'il ressent quand il me lit, je ne sais pas.

Lundi 11 janvier.

Elisa a dit à Léopold hier soir à table : « Tu vas être moche toi aussi, avec tous tes grains de beauté. » Elle s'est arrêtée net, juste après la fin de sa phrase. Elle a tourné les yeux vers moi, de travers mais pas complètement et s'est sentie mal, d'un coup, ça se voyait. Parce qu'elle savait, son regard semblait me demander pardon. Jule m'a dit que ce n'était qu'une enfant, que je ne devais pas lui en vouloir, j'ai dit : « Évidemment. Je le sais. C'est bon, laisse-moi maintenant. Parle d'autre chose. »

Quelques jours avant, j'avais fait une crise. Une gamine de vingt ans, face à mes bras découverts, m'avait dit que j'en avais partout, des grains de beauté. Ça m'avait blessée ce doigt sur ma faiblesse et jusqu'à la fin du repas je n'avais plus réussi à sortir un mot de ma bouche ni à y faire entrer un morceau de viande à l'intérieur. J'avais eu des mots violents en rentrant. Petite connasse. Pétasse. Morue. Je l'aimais pourtant bien, cette petite conne.

Quelques jours avant, Elisa encore, avait dit que j'étais *beurk* avec tout ça. Qu'elle aimerait pas être beurk comme moi plus tard.

J'en passe, forcément j'en passe. J'avais donc fait une crise et ça avait fini par sortir. J'avais dit à Jule que j'en pouvais plus de ma gueule, que j'allais prendre un couteau, un cutter, une lame, le revers d'une pelle, quelque chose n'importe quoi et que j'allais me taillader la gueule. Il avait dit que c'était n'importe quoi, que j'étais belle, que c'étaient des conneries tout ça, que je ne devais pas écouter. Je lui avais dit qu'il ne me le disait jamais, si j'étais belle, jamais, deux fois l'an, allez, peut-être et encore. Il avait demandé pardon. Il ne pensait pas que c'était important pour moi. Je lui avais dit que ce n'était pas important, non, je lui avais dit que c'était vital. Que tout ce que j'entendais sur ma gueule, c'était des *beurk* et des *pouah*, que je me sentais laide et que c'était à cause de lui. Que j'étais laide et que j'avais envie de mourir tant je me sentais laide. J'avais pleuré des heures entières. Mon visage était bouffi et rouge et plein de ces petits pois noirs que je haïssais tant.

En la couchant, Elisa m'avait prise dans ses bras, ses petits minuscules bras riquiqui. Dans le creux de mon cou, elle avait dit qu'elle m'aimait. Elle avait dit, mot pour mot cela : « Je t'aime ma si belle, si belle maman, la plus belle même si tu es toujours en pyjama. » J'avais ri. C'est vrai, je passais beaucoup de temps en pyjama. Je m'habillais principalement pour sortir travailler, j'avais horreur de sortir sans but, de flâner dans les magasins, d'aller chez les gens et Elisa le savait. Ma seule obligation, c'était d'aller au travail et, sitôt rentrée, j'enfilais de nouveau mon pyjama et c'étaient les seuls moments où j'étais avec les enfants. Au travail, habillée, ils ne me voyaient pas. Elisa pensait que je vivais vêtue seulement d'un pyjama. J'avais trouvé cela drôle et vrai. Il y a toujours un *même si*. Tu es belle, *même si*. Le père de mon fils m'avait dit un jour, que vu la gueule qu'il avait, il pouvait déjà s'estimer heureux d'avoir une nana comme moi. Que ça aurait pu être pire. On allait se marier quelques semaines après ces mots. J'avais trouvé cette phrase incroyablement odieuse et violente. J'avais bien dû lui aussi le traiter de sale con, comme la petite conne quelques jours plus tôt. J'étais laide, oui, je le savais. C'était l'avis général. Ce n'était pas forcément le mien mais ça l'était devenu. À force d'entendre toutes ces saloperies, j'avais fini par me trouver laide.

Mon avis à moi, c'est que l'on devrait interdire aux gens de se servir des mots lorsqu'ils ne savent pas en faire bon usage. Mon avis à moi, c'est qu'on est coupable du mal qu'on fait aux autres. Mais tout cela, je le savais et ça n'empêchera pas les enfants et les petites connes de recommencer, de refaire des *beurk* et des *bah* de dégoût, je le savais. Il faut faire avec la gueule qu'on a, parce que on n'a de toute façon pas tellement le choix.

Mais il y avait autre chose aussi, une chose que l'on peut dire à son *Journal*. Une chose triste et terrible. Une pensée absurde et douloureuse. C'est l'injustice de la gémellité et la comparaison. Lili, belle comme un cœur, pas parsemée comme moi de petits pois, noirs et marron. Lili, belle comme un cœur, qu'on ne confond jamais avec un cookie aux pépites de chocolat, noir et marron.

Si seulement écrire c'était se débarrasser de ses tares une bonne fois pour toutes et s'en foutre, pour de vrai.

Mardi 12 janvier.

Il y a des gens, chez eux, c'est tellement grand que quand tu arrives, tu es tout content. Tu es tout content quand tu arrives mais tout gêné quand tu t'en vas. Tu es tout gêné parce que tu sais qu'il faudra rendre l'invitation, c'est comme cela qu'il faut faire, rendre les invitations que l'on nous donne. Cela s'appelle la bonne éducation. Mais tu sais que chez toi, c'est tout petit, et qu'en arrivant les invités vont se sentir tellement à l'étroit dans ta si petite maison qu'il va falloir quelques minutes de silence, des minutes de secondes qui n'auront rien à voir avec le recueillement. Ni le respect. Ni les anges qui passent. Ni le fait de n'avoir rien à se dire durant ce tout petit laps de temps. Ce sera seulement quelques secondes d'une gêne que chacun tentera tant bien que mal de rendre la plus discrète possible.

Ce que les invités diront une fois partis, une fois rentrés dans leur si grande, si grande maison : « Tu as vu comme chez eux c'est tout petit ! » Cela, on n'en saura jamais rien. On l'imaginera seulement et ce sera encore pire que la vérité toute nue.

Je venais de me souvenir qu'on avait, depuis deux ans, une invitation à rendre.

Mercredi 20 janvier.

J'ai du mal à venir écrire ici, quotidiennement, ou même un jour sur deux ou trois. Je ne sais pas. Ce qui est assez important pour être raconté, ce qui est trop intime pour ne pas l'être. Ce qui pourrait intéresser le lecteur, ce qui mériterait d'être rendu intéressant pour le lecteur, si le lecteur mérite tous mes efforts, si j'ai envie, tout simplement, de parler de moi.

Par exemple, j'ai rêvé l'autre nuit que j'attendais une fille et que je l'appelais Fabrice. Tout le monde me disait que c'était un prénom de garçon mais je leur tenais tête, à tous. J'appellerais ma fille Fabrice ! J'ai passé la journée à réfléchir à ce que ce rêve pouvait signifier. Surtout que, pour une fois, je ne l'avais pas oublié. Parce que souvent je bois trop et que mes rêves ou mes cauchemars, je les oublie avant même d'en être allé au bout. Pourtant cette fois, je cherchais à comprendre. Sûrement que c'est mon obsession pour la parité, l'équité. Sûrement que c'est parce que ce monde me rend folle, ce monde de verges dressées dures et droites comme des étendards. Sûrement que Fabrice, c'était une façon de dire voilà, j'abandonne, vous avez gagné. Mais quand bien même. Pourquoi Fabrice ? Je n'aime pas ce prénom ni celui qu'il me rappelle.

Je ne sais pas non plus si le lecteur mérite que je lui raconte que, ce matin par exemple, je me suis, comme quasiment tous les matins, énervée à cause des enfants et des horaires et du bus qui n'attend pas et de cette foutue réforme scolaire qui fait que mon temps partiel, temps plein modifié par un avenant au CDI non modifiable libérant mes mercredis pour pouvoir m'occuper de mes petits alors que les mercredis ne sont plus libres, à cause qu'ici on se lève presque tous les jours, à cause que ça fait six mois que je n'ai pas pris de vacances.

Écrire. Comment écrire, sous cette pression ? Avec la petite qui chiale presque tous les matins depuis le réveil, parce que fatiguée, lait trop chaud, mal au ventre, nœud dans les cheveux, dents à laver, pantalon qui ne lui plaît pas. Et gnagnagna. Et gnagnagna. Toujours. Toujours quelque chose ; *une paille au cul*, on dit ici. Le grand, ce n'est pas pareil. Le grand a eu hier son premier, et j'espère pour son matricule, dernier avertissement disciplinaire. Il a craché de l'eau sur ses copains, avec sa bouche, pas de bol pour lui, le CPE (conseiller principal d'éducation) le regardait. Comment écrire quand tout ce qui danse dans ma tête c'est : éducation, lavage à 30 degrés et coquillettes au beurre. Comment écrire ? Comment se dégager du temps. Je suis redevenue Etty Heller et je croyais m'en être libérée. Cette violence, la violence de mes textes, viendrait-t-elle de là ?

FÉVRIER

Il y a des silences qui en disent long
comme il y a des paroles qui ne signifient rien.

EDITIH PIAF

Vendredi 5 février.

Je travaille aujourd'hui avec Bénédicte l'Hystérique. C'est le surnom que j'ai trouvé et que je donne à ma collègue totalement givrée pour arriver à en rire. À défaut d'en pleurer.

Bénédicte est maboule. Je ne sais pas si c'est du domaine de la psychiatrie, si c'est hormonal ou si c'est juste une sale connasse. J'avoue qu'il m'est arrivé de me poser la question. J'avoue que je n'ai jamais trouvé la réponse. J'avoue que je ne cherche plus à comprendre Bénédicte l'Hystérique.

Cette fois, j'agrafais un tas de feuilles quand elle s'est pointée. L'air de tout diriger, de tout contrôler. Bénédicte fait de la sous-traitance avec maltraitance, Bénédicte est une sadique qui aime terroriser ses collègues. Je tremble dès que je l'entends et mes quatorze années d'expérience ne font pas le poids face à ses cinq années à elle. Le tas de feuilles que je tentais vainement d'agrafer était très épais et mon agrafe plutôt riquiqui. Au lieu de s'enfoncer dans le tas de feuilles et de se refermer, l'agrafe s'écrasait sur le tas pour former une fine barre de fer.

Je recommençais et je voyais que Bénédicte, sur sa chaise, commençait à bouillir. Je sentais bien que ça allait péter. Bénédicte la Marmite prête à exploser. Mais j'avais décidé, cette fois, de ne pas me laisser faire. J'avais déjà fini chez le psy l'an dernier, prête à avaler trois flacons de barbituriques à cause de cette connasse, ça commençait à bien faire les conneries.

Bénédicte la Sadique m'arrache le paquet de feuilles des mains et me dit de réfléchir, d'arrêter d'être bête. Consternée par son agressivité, aimablement, je lui propose de me parler sur un autre ton. Bénédicte insiste, me répète que je suis bête, à présent j'ai cinq ans. Mais elle en sait quoi elle, Bénédicte de ce que c'est d'avoir cinq ans, elle n'a même pas de môme et je sais, oui je sais qu'elle en souffre. Je pourrais, moi aussi, juste une fois, me comporter comme une sadique, lui rappeler qu'elle n'a pas d'enfant, qu'elle ne sait pas ce que c'est d'avoir cinq ans, surtout que pour elle, c'était il y a si longtemps. Mais je ne m'aventure pas sur le terrain glissant de sa méchanceté. Sa vie ne me regarde pas et je n'ai pas l'intention de m'en servir pour lui faire du mal. Même si, j'avoue, c'est très tentant.

Mais Bénédicte n'aime pas qu'on lui demande gentiment de se calmer, ce qu'elle aime, elle, c'est quand ça pète, quand ça gueule, quand ça braille de tous les côtés, quand elle peut enfin dévoiler son penchant hystérique. Alors, elle hurle, comme une barje et tout le monde en prend pour son grade et plein la gueule, se fait cracher au museau la haine qui l'anime. Hallucinant. Y a qu'elle qui sait faire. Y a qu'elle qui fait bien. Y a qu'elle qui. Bla-bla-bla. Bénédicte est partie, c'est bon, rien ne peut plus l'arrêter. C'est son quart d'heure. Le grand show de Béné la Tarée ! Alors, je la laisse faire et je me marre. Bénédicte la Barrée, tellement à côté, lancée dans son monologue ne s'aperçoit même pas que c'est sur la patronne, la *big boss*, la DRH qu'elle vocifère à présent. Et je me marre, mais du dedans, je ne laisse rien éclater. Et je ris, putain, je ris. C'est tellement bon de rester digne et intelligent face à une conne. C'est tellement bon que je me dis : « Sérieusement, vivement vendredi prochain ! »

Lundi 8 février.

Je tourne en rond et le vent souffle dehors. La France, en plus de son plan *Vigipirate*, est en vigilance orange. Je me sens encerclée, enclavée, étouffée. Je ne sais toujours pas si je tiendrai mon engagement d'écrire ou pas mon *Journal* ; ça me semble assez mal barré, en réalité. J'ai tellement de choses sur le feu.

D'abord mon second roman. Commencé il y a quelques semaines après avoir passé plus d'une année à chercher un sujet.

Ensuite, terminer la lecture du dernier roman de Philippe Jaenada, *La Petite Femelle*, dans les quinze jours et préparer notre rencontre du 23 mars, pour la revue *L'Impératif* que Jacques lance.

Aussi, des tricots, des commandes de tricots, mon ensemble poncho/bonnet, pour partir au ski, samedi. Samedi 13. Six mois tout entier sans prendre de vacances et là, enfin, délivrance.

Puis, trouver un nouveau boulot.

Quitter celui-là. Plus possible celui-là. À cause de Bénédicte l'Hystérique, entre autres.

Lancer ce projet de potager.

Essayer de voir comment produire moins de déchets, voire plus de déchets du tout.

Le vent souffle dehors, encore et de plus en plus fort. Le bois brûle dans le poêle. Il craque, on dirait qu'il résiste. J'ai des heures entières pour moi aujourd'hui. Huit, pour être précise.

Huit heures à écrire, boire du café, tricoter, lire, ne rien faire. Souvent, d'ailleurs, c'est ce que je fais.

Rien.

Et puis après, je culpabilise.

Lundi 8 février.
(Encore et après avoir trop traîné, trop longtemps, sur Facebook*)*

C'est arrivé à neuf heures et six minutes, ça faisait longtemps que ça montait. Des jours, des semaines, des mois ou des années. Longtemps. Quand j'en parlais autour de moi, quand je voulais le dire, ce mal, ce mal qui se propage, j'avais l'impression qu'on me prenait pour une illuminée. Une folle. Une tarée. C'est la première fois que ça m'arrive et je ne sais pas, sûrement que j'aurais pu mettre cela sur le compte de la fatigue qui a bon dos. Mais cette fois non, cette fois on ne me la fera pas. Je me suis écroulée en long en large et en sanglots et j'ai hurlé le plus fort possible. Pourquoi ? Mais pourquoi putain ? Pourquoi ce mépris de la femme ? Je vois fleurir de toutes parts des articles sur mon fil d'actualités FB, des appels aux viols qui indignent moins que des accents circonflexes, des violeurs qu'on laisse violer en toute impunité, qui l'admettent oui, oui, ils le disent, c'est vrai, c'était un viol, et alors ? Oui, et alors ? On dit de nous que c'est de notre faute, de la faute de notre jupe, de notre parfum, de notre regard, de nos joues blushées, de nos yeux de biche. Je passe sous silence la liste non exhaustive des saloperies qui circulent. Putains d'enfants de salauds ! Oui, j'insulte vos pères avec vous. Vos pères qui ne vous ont donc rien appris ? Et je plains vos mères aussi, vos pauvres mères. Je cherche même à comprendre. Est-ce là, la force des femmes ? Ce matin pourtant, la goutte d'eau. La parole de trop.

J'ai mal. J'ai mal d'être une femme. Je pleure depuis, sans discontinuer, je pleure. Je pleure ce corps qui a mal d'être une femme. Qui voudrait parfois n'être plus rien. Je pleure ce cœur qui a peur, pour cette fille, cette toute petite fille qui est la mienne. Et je tremble pour elle. Et je pleure, encore et encore, pour combien d'heures encore ? Combien de jours, de semaines, de mois ou d'années ?

Mercredi 10 février.

Cher *Journal*,

J'ai du mal à te rendre visite. L'idée que je m'étais faite de toi est bien loin de la réalité. J'hésite beaucoup à parler trop. Et je doute aussi. Je ne vois pas qui ça pourrait intéresser, mes journées de maman. Un mercredi de maman. Un mercredi où si je n'avais pas eu d'enfant, j'aurais sûrement travaillé. J'aurais sûrement écrit. Je me pose souvent la question. Qu'aurais-je fait d'autre, si je n'avais pas fait d'enfants ? Écrire ou travailler ? Les deux. Les deux désignent un travail de toute façon. Mais plus globalement, me serais-je aliénée dans une tâche qui ne me correspond pas, pour l'argent, la reconnaissance, ne pas me sentir le parasite d'un hôte. Toujours eux, les autres. Ou au contraire, aurais-je été artiste à temps plein. Musicienne ? Accordéoniste ? Verbicruciste ? Taxidermiste ?

J'aime cette intimité que je crée entre moi et le lecteur, le fait aussi que je peux dire ce que je veux, revenir demain et tout effacer, il n'en saura jamais rien. C'est plus apaisant que la vie réelle. Vie mi-réelle mi-réseau social. Cette vie de plus en plus insupportable, où chaque post me, nous transforme en hyène du *like*. Ici, tout n'est que calme. Et presque volupté. Ici on a le droit de prendre son temps, d'aller, de partir et puis de revenir. Et même, si je le voulais, Jacques me l'a dit, ne jamais revenir du tout.

Il est 22h15, cher *Journal* et je suis allongée dans mon lit. Je porte encore ma paire de chaussettes et mon pull de la journée. J'ai juste enfilé un vieux survêtement que Jule déteste, parce qu'il me fait le cul en goutte d'huile. J'ai bu un verre de vodka et un verre de blanc en mangeant une choucroute. Je crois que je vais m'endormir tout habillée.

Samedi 13 février.

Départ 7 h 00, direction La Toussuire, 580 kilomètres, 6 h 03 via l'A6.

Mardi 16 février.

Trois nuits sans dormir. Trois nuits à mal dormir. On dit souvent cela, qu'on ne dort pas quand on dort mal. Personne ne nous croit, tout le monde sait qu'on dort quand même lorsqu'on dit qu'on ne dort pas. C'est du pipeau, de l'esbroufe. Donc trois nuits à tourner en rond, à se lever, dans quatorze mètres carrés, à essayer de ne réveiller personne, de ne faire aucun bruit ou d'en faire le moins possible. Trois nuits à effleurer Jule dans un clic-clac pourri, à tirer la couverture vers moi, la couverture grise, douce comme une éponge *Spontex* et cette impression de respirer la poussière. Trois nuits à s'emmerder ferme en attendant le lever du jour, sans pouvoir lire ni écrire puisque l'un et l'autre réveilleraient les enfants ou Jule. Le tic-tac des touches, le néon orange de la cuisinette à cinquante centimètres du clic-clac pourri. Trois nuits à attendre, allongée sur le lit sans oser bouger. Trois nuits à attendre que les yeux de Jule s'ouvrent. Jule que rien ni personne n'empêche de dormir.

Trois nuits à attendre une vodka.

Ils ont du bol et ils n'en savent rien, les gens qui dorment sans l'aide de rien.

Mercredi 17 février.

J'ai réussi à feinter, désinstaller *Facebook*, son application, puisque j'avais promis, mais m'y connecter quand même en passant par *Google*. Seize heures sans me connecter, c'est le temps que j'ai réussi à tenir.

Je suis une droguée et ma came c'est le *like*.

Samedi 20 février.

Départ 10 h 00, direction Chaumont-sur-Yonne, 580 kilomètres, 6 h 03 via l'A6.

En arrivant, j'enverrai, à Jacques, un mail, l'informant et m'excusant de ne pas pouvoir tenir mon engagement d'écrire ce *Journal*.

MARS

Seuls les cailloux ignorent la peur.

PASCALES ROZE

Jeudi 3 mars.

En arrivant à dix heures, je saisis une ordonnance. C'est à dire qu'on me la donne, que je me connecte au dossier patient et que je saisis :

1) les renseignements patient : adresse, téléphone, date de naissance, numéro de sécurité sociale, adresse de l'organisme obligatoire et complémentaire ;

2) le nom du médecin prescripteur, la date de l'ordonnance ;

3) les analyses prescrites, par code, par exemple, pour numération formule sanguine, on saisit N, pour exploration d'une anomalie lipidique, BL, pour TPHA VDRL (syphilis) BW, pour HIV, HIV.

Et ainsi de suite.

Au moment de saisir la date d'ordonnance, je tape 5016, pour 2016. Je panique. Pas parce que j'ai fait une erreur. Non. Je panique en pensant que dans 3000 ans, je serai morte. Je panique en pensant subitement à l'infini, à l'univers, au néant, aux étoiles haut dans le ciel, au silence et à l'obscurité. Au silence surtout. À la mort aussi. À mon corps dont assurément, et il n'y a aucune chance qu'il en soit autrement, dans 3000 ans, il ne restera rien. Même pas l'idée d'un vestige de ma carcasse. Non. Je suis prise de vertiges, c'est ridicule, bien sûr que c'est ridicule. 3000 ans. Qui s'inquiète pour son devenir en millénaire ? Je ne peux rien dire, surtout ne pas en parler, les collègues me prendraient pour une folle.

Déjà que.

Vendredi 11 mars.

J'animais ce soir une rencontre débat dans une médiathèque à quelques dizaines de bornes de chez moi. Thorigny-sur-Oreuse. C'est Claire qui m'avait contactée. J'avais, de suite, accepté. Parce que je ne sais pas dire non et parce que je suis toujours ravie de rencontrer mes lecteurs. Le débat, Claire avait imaginé qu'il porterait sur la place de la femme dans la littérature dans un premier temps. Elle avait prévu un peu d'alcool et des petits biscuits. Il devait y avoir un peu de monde, une vingtaine de personnes, elle espérait. Je lui avais dit de ne pas s'inquiéter.

Avec Laurent Herrou, nous avions fait une lecture à une seule personne l'an dernier. Le monsieur nous écoutait. Il semblait attentif. Une seule personne. Il y avait un banc devant lui mais il avait préféré rester debout. Nous n'y voyions pas d'inconvénient. Nous avions attaqué la lecture de nos *Coupables*. Nous nous étions plongés dedans. C'était ma première fois. Laurent m'avait dépucelée. J'avais lu très vite et transpiré beaucoup. Ça n'avait pas été très audible, ma partie à moi. La sienne, parfaite, il savait Laurent, comment faire. Je copiais sur lui aussi parce que l'intonation de sa voix me fait chavirer. J'aime l'écouter. Le monsieur au bout d'un moment, court le moment, tentait d'attirer notre attention, avec sa main, il faisait des signes. Nous avions interrompu notre lecture. Nous lui avions demandé ce qu'il se passait. Il disait devoir partir. Il s'excusait mais il ne pouvait pas rester. Nous avions répondu qu'il n'y avait pas de problème, avant de réaliser qu'après lui, il ne resterait plus personne. On s'était regardé, on s'était demandé, on continue, on arrête. On avait choisi de continuer, encore, au cas où quelqu'un passe. C'était au festival du mot, à La Charité-sur-Loire. Nous étions dans le *off*. Dans le *off* du *off*, même.

Alors j'avais dit à Claire de ne pas s'inquiéter pour le monde qu'il y aurait ou qu'il n'y aurait pas.

Une heure avant de prendre la route, je m'étais mise à paniquer. Complètement. La grosse crise d'angoisse. Larmes. Sanglots. Tremblements. La totale. J'étais arrivée chez ma mère, pour récupérer Léopold qui avait fini plus tôt, décomposée. Les yeux rouges des larmes que j'avais essuyées pour ne rien montrer. Mon cul. Maman avait tout vu. J'avais pleuré, comme une gosse devant sa mère. De gros et longs sanglots.

Elle m'avait dit d'annuler.

Elle m'avait dit, si tu veux je viens.

Elle m'avait dit, ça va bien se passer.

Elle ne savait plus quoi me dire.

J'avais répondu non à toutes ses propositions.

Sur la route cette fois, qui reliait ma maison à la médiathèque, j'avais essayé d'appeler Félicie Dubois, qui est ma première éditrice. Féli trouve souvent les bons mots, c'est son boulot. Je sais qu'elle m'aurait fait rire. Que j'aurais inspiré, expiré, avec elle. Que je serais arrivée peut-être pas apaisée, mais confiante. Mais Félicie n'avait pas répondu.

À mi-chemin, comme si ça ne suffisait pas, mon putain de GPS m'avait lâchée. L'écran avait viré au noir et j'avais eu beau brancher, débrancher, rebrancher, souffler dans les prises. Rien. Que dalle. Silence radio. J'étais perdue. Dans tous les sens du terme. Paumée. Seule dans ma bagnole, Lili n'avait pas pu m'accompagner et j'avais dit non à maman. Je me suis mise à respirer très fort, à compter jusqu'à deux en inspirant et quatre en expirant. Trois fois. Ma tête me tournait mais heureusement, j'étais assise, au volant. Je cherchais dans mon sac un sucre que je n'avais pas. J'avais regardé les panneaux qui m'emmenaient à Thorigny-sur-Oreuse. Je les suivais. J'arrivais. Me garais. Pénétrais dans la médiathèque. Ponctuelle. Les aisselles trempées. Les mains tremblantes portant une caisse pleine de livres que je ne vendrais probablement pas. Claire avait suggéré de boire quelque chose. J'avais demandé ce qu'elle avait. Jus de fruit. Soda. J'avais demandé si elle n'avait pas plutôt un verre d'alcool. N'importe lequel. Mais de l'alcool. Elle avait du blanc. Finalement nous avions tous bu l'apéro dans une ambiance joyeuse et après cela, les questions s'étaient mises à fuser. Claire faisait l'inverse en temps normal. D'abord les questions, après seulement un petit verre. Il faut croire qu'avec moi, le temps n'est jamais normal. Il s'adapte, il plie, il courbe et moi, à vouloir être trop forte, il m'arrive de craquer.

Mercredi 23 mars.

Parfois on part à l'autre bout du monde et on passe un moment merveilleux. Une semaine, quinze jours, au soleil, à boire des cocktails, à faire l'amour, sur le sable, dans la mer, à faire l'amour partout. Tout le temps. Et puis parfois, on monte à Paris. On n'y vit pas loin mais on n'y va jamais. Il y a là bas, trop de vies, trop de monde(s) qui s'y croise(nt). Mais j'y suis allée parce que j'avais rendez-vous avec Philippe Jaenada. Il savait vaguement, je lui avais expliqué dans un mail, que j'avais peur, de Paris, de la foule, des transports en commun. Peur de beaucoup de choses. Il ne m'avait pas trop prise au sérieux, je crois. J'ai pris un taxi, je ne prends jamais de taxi mais je le préfère au métro. J'ai regardé de la vitre tous ces gens, toutes ces vies, j'ai parlé avec le chauffeur, de la pêche, de partir vivre loin, loin du bruit, du périph, sur un bateau, tout seul.

Je suis arrivée avec plus ou moins 36 minutes de retard. Philippe m'a regardé entrer puis il a regardé sa montre et a dit : « 14 h 36. Tu as réussi à éviter le métro ? » J'ai dit que j'avais pris un taxi. Il m'a demandé si je voulais un verre, juste après que nous ayons salué ses copains, au comptoir. Nous avons passé trois heures ensemble, trois heures fabuleuses à boire quelques verres puis on a fait des photos, moi assise sur ses jambes et ses lèvres sur ma joue et les miennes sur la sienne, de joue poilue. Des *selfies collector* ! Amel devait passer me prendre mais elle n'a pas pu, à cause de son dos qui était resté bloqué. Elle devait me mettre dans un métro ou m'accompagner, je ne sais plus, mais j'ai dû reprendre un taxi. Je suis montée dedans avec un sourire pas possible et dans mon *iPhone*, trois heures d'échanges à retranscrire pour la revue de Jacques, pour *L'Impératif*.

Quand j'enverrai l'échange à Jacques, j'ajouterai un mot d'excuse, lui expliquant que je ne me sens pas capable de tenir mon engagement, d'écrire ce *Journal*, pendant un an.

AVRIL

Il n'y a pas de lumière sans ombre.

LOUIS ARAGON

Mardi 5 avril.

Toujours le même rituel, les *Fleurs de Bach*, pour se détendre, quatre gouttes sur la langue. La *N° 6*, *confiance et sérénité*, contient du cognac bio. Toujours les patients qui s'impatientent, toujours ceux qui sourient et ceux qui ne sourient pas. Je les aime bien, en général, mes petits patients dont je ne suis que la secrétaire. Mais j'écoute et l'écoute est une façon de pratiquer le soin. Une façon qu'on a tendance à isoler. Pourtant, elle joue un rôle capital. *Je* joue un rôle capital. C'est mon travail, je le fais bien, c'est mon gagne-pain, mais ça ne change rien. À leur façon, souvent mes petits patients me soignent aussi. Ce matin, une jeune femme surtout. Grande. Mince. Élancée. Fine et délicate. Belle comme une danseuse étoile. La tête enveloppée dans un foulard vert. Cancer. Trente ans à peine. Six ans de moins que moi et un sein qui pourrait être le mien. Un sourire. Un sourire pas possible ! Elle me dit qu'il y a pire, qu'il y a des enfants qui meurent de faim, qu'avec ce temps de chien, son brushing se casse la gueule. Je lui dis que ça veut dire que des cheveux, elle en a encore. Elle sourit.

Elle me fait du bien, son sourire est aussi beau qu'un coquelicot sur un parking. Surréaliste et magnifique. Seule.

Derrière elle, un jeune homme, vingt-huit ans, cancer. Monde de merde. Le sourire qu'il porte lui aussi me force à dégainer le mien. Il est beau. Incroyablement beau. Je crois que je pourrais tomber amoureuse. J'ai toujours eu un faible pour les mourants.

Derrière lui, un connard, hépatite C positive, il s'est fait choper son permis, état d'ivresse et pétards, il gueule que c'est cher, que c'est vraiment un monde de merde, qu'on se la prend bien dans le cul, que c'est dégueulasse. Je regarde mes deux jeunes, beaux et malades. Elle est là, la vraie injustice, elle est assise en face de moi, elle attend, calme et silencieuse, son tour. Demain, à qui ? Lui ne la voit pas mais c'est parce qu'il ne regarde pas au bon endroit.

Derrière le connard, deux jeunes hommes, l'un d'eux ne parle pas du tout français, l'autre si, mais il grignote des graines de tournesol, ce qui rend difficile la compréhension de son français déjà approximatif. Celui qui ne panne rien doit pratiquer un spermogramme. C'est-à-dire qu'il doit venir se branler au labo, enfermé à double tour dans une pièce blanche et froide où de l'autre côté, des gens se font causette en patientant. On lui dira après si il peut ou pas faire des bébés. On rigole. Je lui explique qu'il doit avoir des relations sexuelles samedi, pas après. Avant oui, il a le droit. Mais surtout pas après. Je demande quand ont eu lieu ses derniers rapports. Il dit deux jours avant, en faisant signe avec sa main, le plat de la paume poussant l'air d'avant en arrière, comme pour dire : « Ça fait rien. » Je me dis qu'il baise plus que moi. C'était quand nous, la dernière fois, j'y repense. Le week-end dernier, vite fait, entre deux portes, une envie pressante. Lui de moi, moi de lui. Dans une salle des fêtes, un peu ivres tous les deux, moi surtout.

Ils rient ensemble aussi, les deux copains, et leurs bouches ouvertes, ça sent les graines de tournesol dans tout le laboratoire.

Après eux encore, une femme, apeurée. Elle dit qu'on lui a dit de pas donner sa *Carte vitale*, j'explique qu'il va falloir payer si je ne peux pas faire de prise en charge. Elle dit, pas de problème mais elle accepte que je la prenne quand même, en lui assurant qu'elle ne recevra rien chez elle, que je me sers de sa carte uniquement pour accéder à son dossier médical. Elle accepte. Je demande son adresse, elle est à la maison des femmes. Elle dit que son mari ne doit rien savoir. Je dis d'accord. Je lui parle et elle sait que je comprends, que près de moi, ici, elle n'a rien à craindre, que la peur que son mari sache est à écarter. Elle me dit merci, sans prononcer un seul mot. Elle dit merci et puis, sans rien dire d'autre, elle va s'asseoir.

Jeudi 14 avril.

Voilà donc deux ans, mon Cher Emmanuel que tu es parti. Deux ans que tu as laissé ton pote sans pote. C'est moche la mort, Manu. Ça laisse un gros trou, tantôt dur, tantôt mou au milieu de la poitrine. Ça fait un gros vide sur nos chaises le samedi soir, surtout. Tu venais aussi les autres jours, mais le samedi soir, c'était la fête. Tous les trois, toi, lui et moi, qu'est ce qu'on a pu faire la faire, la fête. On fêtait tout, la fin de la semaine, le début du week-end. Aujourd'hui, c'est fini. La fête est terminée. On a rangé les cotillons, les langues de belles-mères et les chapeaux pointus. Ça va bien les conneries, on a compris, tu ne reviendras plus.

Vendredi 15 avril.

J'ai fait croire à ma fille que j'avais un lapin qui s'appelait Pipou. Je lui ai montré une photo, piochée au hasard sur *Facebook*. Le lapin était blanc, beau avec deux petites taches noires de chaque côté du museau. Pareil sous les yeux, les deux et les oreilles, les deux aussi. Tout mignon. Je lui ai dit que j'étais obligée de le laisser au travail, à cause de l'asthme et des allergies de son frère. Que c'était pour cette raison qu'on avait pris un minuscule hamster russe, le bien nommé Snooky, dit Kiki. Qu'avec Léo, ça craignait moins. Elle m'a regardée, incrédule. J'ai dit que je ne pouvais pas le ramener ici, j'ai insisté, je voulais voir. Elle m'a demandé de dire la vérité, en pointant son tout petit doigt, son index droit, vers moi. J'ai cru mourir de rire mais je n'en ai rien fait. J'ai dit que je savais bien qu'elle le prendrait mal, que c'était pour cette raison que je ne lui en avais pas parlé. Elle a dit encore, en criant cette fois, de dire la vérité, toujours son doigt et cette fois, ses yeux. Ces yeux, ronds, aspirants, comme deux tourbillons. Les yeux d'Elisa. J'ai dit que je savais qu'elle allait être jalouse. Que je comprenais. Qu'elle aussi devait comprendre. Que Pipou était si mignon, que demain, au travail j'allais lui faire une vidéo et que le soir, je lui montrerais. Que je prendrais aussi des photos de Pipou qui est vraiment si mignon, et que je l'emmènerais un jour, voir le lapin Pipou. Si elle veut, bien sûr, mais que son frère ne pourrait pas venir, à cause de son asthme et de ses allergies. Elle s'est mise à faire des bonds et à hurler de dire la vérité, que vraiment, faut dire la vérité, que c'est pas possible, que je dois le ramener, même pas longtemps, ça ira avec Léopold, son frère, mon fils, mais qu'elle doit voir ça. Et elle ajoute trois ou quatre fois, peut-être plus en fait, de dire la vérité. J'ai tenu cinq minutes, en étant large sûrement. C'était incroyable vous savez, de réaliser qu'on peut en faire ce qu'on veut, que j'aurais pu tenir bon, choper des photos, la mener en bateau, une heure, plusieurs jours, je suis sûre que j'aurais pu. Mais déjà, en quelques secondes, j'ai vu que cette confiance inébranlable qu'elle avait en moi, j'ai vu qu'elle s'effritait, avec ses yeux, elle projetait en lettres de sang : tu m'as trahie ! Dans quelques années, elle ajouterait : vieille chienne ! C'était, cela dit, absolument fascinant d'observer cela.

Lundi 18 avril.

UN WEEK-END SUR DEUX ET LA MOITIÉ DES VACANCES SCOLAIRES.

J'aime pas quand t'es pas là, mon fils. Ta chambre, quand elle est vide, ça me fait bizarre, ça me donne des sensations, j'ai peur qu'elles soient prémonitoires. Tu vois, ton lit bien fait, tes talons qui ne font plus de bruit, mon nom dans ta bouche qui ne sort plus au petit matin, qui ne vient plus me dire « bonjour 'man, ça va, t'as bien dormi ? », t'es toujours tellement prévenant mon fils, tellement attentif, à moi, et ta soeur qui dit des trucs comme « on va laisser ça comme ça pour s'il revient un jour ». Je lui dis de se taire, qu'on dit pas des trucs comme ça, elle ne comprend pas, forcément, elle ne peut pas comprendre. Elle verra quand elle aura des mômes. C'est comme ça qu'ils disent les vieux, hein mon fils. J'aime pas les jours sans toi. Y a rien à faire, mon ventre se tord, je sens dedans les boyaux, un à un et mon doigt dessus, je les touche. Je pense que tu viens de là, de mon ventre, que j'avais vachement moins peur quand tu étais dedans que depuis que tu es dehors. Et quand t'es pas là, c'est pire, je n'y arrive pas. Et puis, je fais rien pour, faut dire aussi. J'ai lu ce livre hier, *Camille, mon envolée*, très beau texte d'une mère à sa fille, elle l'appelle tout le long, lui dit *tu*, lui dit *Mon chaton*. Pourquoi j'ai lu ce livre hier, juste avant que tu partes ? Maintenant, je me demande si je t'ai tout dit, tout mon amour, si j'en ai pas dit trop ni trop peu, si j'ai bien dosé, si tu devais partir, tes douze années avec moi auraient-elles été heureuses. Si c'était vraiment une bonne idée qu'on se fasse tous vacciner contre le H1N1. Si j'ai déraillé souvent. Si. Si. Si. Y a douze mille idées morbides qui me traversent la tête, elles font tellement de bruit dedans que j'ai envie de me l'éclater contre le carrelage de la salle de bains. Que le carnage y coule, en silence, enfin, en dehors, pitié. Bordel, j'aime pas quand t'es pas là, y a toujours tout un tas de trucs pas clairs qui tournent en rond dans ma tête de mère boiteuse. Clopin-clopant, j'essaye d'aller au bout de la semaine, j'essaye de me dire que tu peux être aussi en sécurité avec d'autres que moi, que tu peux t'amuser aussi avec d'autres que moi, que tu peux aimer d'autres que moi. Mais que les autres t'aiment comme je t'aime moi, ça non, c'est impensable. Pourquoi ai-je lu ce livre hier, de cette môme qui meurt, de cette mère qui hurle sa douleur, de cette vie qui n'est plus que survie ? Quelle conne ! Avec ta soeur, on va essayer de s'occuper, enfin, elle a moins de mal que moi, là elle fait du piano, je te raconte pas l'ambiance dans le salon. J'essaye de lui apprendre *Au clair de la lune*. À midi, on va aller se chercher une pizza, tu sais, on a les dix tickets pour une gratis et puis, comme il fait beau, sûrement que cette après-midi on ira faire du vélo. T'échappes à ça, je suis sûre que t'es content.

Je te laisse mon fils, je t'enverrai tout l'heure la photo de Kiki, une par jour, comme je t'ai promis mon Chéri.

Je t'aime, à demain Loulou Be Blue.

Mardi 19 avril.

T'aurais dû voir comme elle était énorme ! Démentielle ! Hallucinante ! On a pas réussi à la finir, avec toi ça aurait été vite torché ! Et puis, je me suis encore fait avoir, bien sûr. On l'a pas payée, la pizza 33 centimètres. On a pris une fifty-fifty, moitié sept fromages (mozzarella, emmental, parmesan, roquefort, reblochon, chèvre, brie), moitié banzaï (viande hachée, poivrons, horizon, merguez, sauce samouraï, oeuf). Énorme ! Gargantuesque ! Mais quand j'ai appelé, pour passer la commande, je sais pas ce que j'ai encore foutu, j'ai fait un zéro huit quatre-vingt-dix-neuf à trois euros après le bip ! Trois euros sérieux ! Heureusement que j'avais mes dix tickets et que ça m'a coûté que le rond de l'appel ! Bon, bref. On a mangé, pas tout, j'ai bu mon café et après on est allé faire du vélo. Qu'est-ce que c'est dur le vélo quand même mon Léo. Toutes ces côtes à monter, toutes ces pentes à descendre. J'avais les yeux sur ta frangine qu'elle se casse pas la margoulette dans les orties comme la dernière fois ! Je t'enviais presque d'être chez ton père. Nan, je déconne ! Ah ah ah ! On a donc fait des trucs qui t'auraient ennuyé ; cueillir des fleurs, c'est pas ta tasse de thé. On a soufflé sur les pissenlits et puisque t'es asthmatique, sans toi on s'en est donné à cœur joie, mon fils. J'aime bien t'écrire tu sais, ça prolonge l'instant de ton départ et avance celui de ton retour. C'est finalement comme si tu étais là. Attends, je dis ça parce qu'on est que mardi, tu sais bien que dès mercredi/jeudi, je vais me foutre en rogne sur tout et rien, pour un oui, pour un non et en vouloir à la terre entière. Pourtant, parfois, je sais pas, je me dis que c'est bien de pouvoir profiter de ta sœur à 100 %, que nous soyons elle et moi, le temps d'une parenthèse, nos exclusivités. Comme toi et moi, il y a quelques années déjà. Tu te souviens ? Moi oui, tellement bien. Je me dis qu'elle a le droit à ça, elle aussi, profiter de moi et rien que de moi, que j'aie du temps pour elle et rien que pour elle. Tous les enfants devraient avoir le droit à ça au moins une fois. Tu vas me dire : tous les enfants ont le droit d'avoir leurs parents près d'eux, les deux. Et tu auras raison. Hier soir, c'était la finale de *Top Chef*. On a regardé avec Jule. J'ai pris trois kilos rien qu'à être devant l'écran. Je regardais les adversaires se battre. Ils parlaient de bataille. Ils s'appelaient *battant*, *combattant*. J'ai eu une très belle phrase que je voulais t'écrire ici ce matin et puis je l'ai oubliée. C'est bête, de mémoire elle était vraiment très belle. Ça parlait des batailles qu'on mène tous, souvent sans même nous en rendre compte. Enfin, je crois. Je me suis demandée si j'en étais une de combattante. Je me suis dit : sûrement que oui. Je me suis dit que même les déprimés, les ratés, les paumés se battent. Ils le font à leur façon, ils le font avec leur énergie à eux. J'aimerais que tu retiennes cela de ta maman, qu'à sa façon, elle est une combattante, que même si parfois tu as l'impression que non, souviens-toi que si. Il y a des combats que l'on mène et que l'on gagne dans le silence. Il n'y a pas toujours de cris tout autour. Il n'y a pas toujours de bras pour nous supporter, ni de larmes pour nous émouvoir. Parfois, on est seul. Parce que les batailles les plus importantes, c'est contre soi-même qu'on les livre.

Allez, mon Chéri, à demain. Je vais chercher Kiki et dégainer les clics !

Je t'aime.

Mercredi 20 avril.

Ce que tu peux manquer à ma vie. C'est fou. Je m'en suis rendu compte hier, en nettoyant la cuvette des W.-C. Tu vas me dire, c'est quoi le rapport et tu n'auras pas tort, alors laisse-moi t'expliquer. Quand je nettoie la cuvette des W.-C. et que je mets le produit dedans, au fond, je te dis toujours de ne pas y aller, le temps de surveiller aussi ta soeur, le temps de. Que le produit agisse, que ça brûle pas vos petites fesses. Alors hier matin, la tête dans la cuvette, mes pensées jouent à saute-mouton et du coq-à-l'âne, je réalise que je te raconte tout et que cette semaine, je n'ai personne à qui rien dire. Par exemple, je n'ai personne à qui raconter que j'ai repris le travail mardi à treize heures et que j'ai failli boire la fiole entière de *Fleurs de Bach, N° 6, confiance et sérénité*. (Depuis que j'ai mis un terme à ma thérapie, je sauve ma peau un peu comme je le peux.) Léo, je te dis tout. Tout. Mes journées, mes nuits, mes ennuis, mes joies aussi, car il y en a. Absolument. Je ne sais pas si c'est bien ni comment font les autres et puis en vérité je m'en bats l'oeil avec un tibia de langouste, tu sais de ce que font, de ce que pensent les autres. Je crois que ça ne te dérange pas. Je ne sais pas si tu me le dirais. Mais je crois que si, tu le ferais. En échange aussi, j'entends tout. Sans tirer les vers de ton nez. Ce qui me fait du mal. Ce qui me fait du bien. Ici, on parle. Beaucoup. De tout. De nous. Des autres. J'ai ouvert le dialogue il y a des années, quand tu avais vingt mois.

Hier soir, François et Nolann sont venus manger. Elisa était heureuse, ça comblait ton absence. Ce soir, Céline vient. Elle aussi a des absents cette semaine. On se serre les coudes, on bouche des trous. Les vacances sont propices aux absences. On a du bol, nos absents à nous finissent toujours par revenir. Il y a des béances, tu sais, qu'on ne peut plus remplir. Les nôtres si, il suffit d'un peu de compassion et de patience et le tour est joué. La veille de ton départ, tu as pleuré, c'était la première fois en deux ans que tu me parlais de Manu. Je t'ai demandé pourquoi, pourquoi seulement maintenant. Du haut de tes même pas douze ans, tu m'as dit qu'avant ça m'aurait fait mal, que j'aurais souffert à te répondre mais que là, ça va, tu sens que je peux entendre et consoler. J'ai séché les larmes que depuis deux ans tu retenais. Deux ans, c'est long, il n'y en avait pourtant pas tant que ça. Tu les retenais encore, il me semblait. Tout ce temps que tu as passé à attendre, je me demandais pourquoi tu n'en parlais pas. Pourquoi, comme ta soeur, comme ton beau-père, comme ta mère, tu ne pleurais pas. Je m'inquiétais, je t'ai même imaginé insensible. Idiote. Andouille. Double conne. Tu me protégeais. Tu me protégeais comme personne ne sait le faire. Pourtant, je t'ai demandé de ne plus faire ça. Plus jamais. De ne pas chercher à m'épargner, de penser à toi avant de penser à moi. Mais tu ne veux pas. Tu as dit : « Non, c'est comme ça maman, comme ça et pas autrement. » Je le répète, on a de la chance. Tu vas revenir et je le sais. Mais j'ai surtout cette chance incroyable que je mesure et que je savoure chaque jour, d'être la maman d'un petit d'homme comme toi. Tu dis souvent que tu as de la chance de m'avoir, moi je crois que c'est l'inverse. La veinarde dans l'histoire, c'est moi !

J'ai relu dix fois hier *Tu seras un homme mon fils*, de Kipling, tu sais, il en faut peu pour être heureux, et j'ai pensé à toi, de toute façon, depuis dimanche je ne fais que ça, penser à toi. Je l'ai passé en boucle aussi, sur *YouTube*, en regardant des vieilles photos de toi, en pensant à l'homme que tu seras, que tu es en train d'être. Mon cœur est empli de fierté, si tu savais ! Je n'ai pas hâte non, je me délecte devant ce beau spectacle et j'attends, oui, j'attends…

…And – which is more – you'll be a Man, my son !

Jeudi 21 avril.

J'ai eu mal à la tête hier, presque toute la journée, à cause de la vodka. D'ailleurs, faut que je t'avoue un truc, mon Léo. Kiki aussi, il a eu mal à la tête hier. La grosse gueule de bois. J'ai honte. Il n'est pas mort, non non, promis juré. Il est juste tombé dans un verre de vodka. Oublié sur la table. Non bu. Il est tombé dedans Kiki alors je l'ai passé sous l'eau, pour pas qu'il se lèche et qu'il soit rond comme une queue de pelle. Il a pas aimé. Il a semé des mini-crottes partout. J'ai remarqué qu'il crotte dès qu'il est stressé. Hier, il était très très très stressé, Kiki. Quand je l'ai vu dans le verre, honnêtement j'ai hésité à sortir l'appareil. Je me suis dit que pour le texte, ça aurait fait un cliché d'enfer ! Tu sais, comme ces parents qui prennent leurs enfants en photo juste avant de les emmener aux Urgences. Tu vois le tableau ? Le pauvre môme, sa tronche en sang et sa mère qui prend le temps, attends, attends, bah souris quoi, attends, merde, j'ai perdu le réseau, oui oui, on y va, je poste juste un petit truc vite fait, mon chat. « Direction les urgences ! » Elle hésite. Statut privé ou public ? Public ça me ferait un max de *likes* quand même. Mais j'ai pas fait. Non. J'ai sorti Kiki du verre, j'avais les boules, je te jure. J'en aurais chialé. Tu vas me dire, dès le mercredi, je pleure. L'attente me fait craquer. J'ai passé la matinée à surveiller ses constances. Si si. Voir s'il tremblait pas. S'il titubait pas. Après, on l'a mis sur la table, il est entré dans un petit paquet de chips et il a commencé à se rouler dedans. Je me suis dit que le sel c'était peut-être pas top pour un si petit Kiki, alors je l'ai sorti du paquet, je l'ai mis dans son sable à la fraise, qu'il se lave un peu, mais il avait toujours pas l'air content.

Léo, je fais rien que des bêtises quand t'es pas là. Il est beau le résultat. J'assure pas une cacahuète. Pis ça y est, on y est, jeudi, ça me gonfle toutes ces conneries. Faut que tu rentres maintenant, Léo, ça va, j'ai compris. Je vis ça comme une punition. Parce que j'ai pas voulu revenir quand il était d'ac pour nous reprendre. Mais je ne pouvais pas, faut me comprendre. J'avais plus confiance. Tu comprends ça, toi. C'est notre punition à tous les deux, être privés de nous, parce qu'on s'est rebellés. Parce qu'on a usé de notre droit de veto. Trou d'balle ! On est donc jeudi, ça y est, je tourne en rond comme Kiki dans sa roue en plastique. Je bois de la vodka, comme Kiki dans son verre. Je fais caca partout comme Kiki dans les chips. Nan, je déconne ! C'est pour rire, mon Chéri. Pour te faire rire, j'aime tant ça, t'entendre rire ! Après t'as le hoquet et t'en fais tout un pataquès parce que ça s'arrête pas et que je dois te faire le tour de magie avec la manche que je remonte en te disant de bien regarder que la magie opère et ta sœur, elle reste devant ton bras, tendu vers moi, avec ses yeux ouverts si grands qu'on pourrait croire qu'elle découvre la cité du Machu Picchu ! Je pense à des trucs qui me font du bien. Mais hier, mercredi, j'avais les boules. Les bonnes grosses boules du mercredi. Personne à qui parler alors je suis allée t'acheter des baskets. Bah ouais. T'acheter quelque chose, préparer ton retour. J'ai commandé la mousse au chocolat pour dimanche. J'ai presque hâte d'aller en courses samedi, acheter ton saumon et rouler tes makis, c'est dire comme j'ai hâte que tu rentres. J'ai la colère du mercredi qui me prend la gorge. Envie de hurler ma rage. De venir te chercher. De dire à ton père que ça va bien les conneries non mais merde alors ! C'est qui le chef, bordel à cul ! Hein ! C'est qui ? Mais je vais rien faire. Je vais surveiller Kiki, faudrait pas qu'il me claque entre les pattes. Je vais aller dans des magasins, tu sais à quel point j'ai horreur de ça, t'acheter des belles baskets qui vont me coûter un rein. Mais ça fait rien. Ça va me faire du bien. Je vais emmener mamie aussi, promener un peu sa carcasse qui vieillit mal, je trouve. On te prendra un ensemble du *PSG*, sponsorisé par le Qatar. M'en fous. Ça fera du bien à tout le monde, c'est tout ce qui compte en fin de compte…

Vendredi 22 avril.

On devait sortir hier soir, Jule et moi, ton beau-papa et ta jolie maman et puis on a pas eu le courage. Lui et moi, on sait pas ce que c'est que d'être deux. On a d'abord été trois et puis rapidement quatre. Alors quand on est que tous les deux, on est un peu comme deux cons tu sais. On est pas sorti dîner dehors, non, on s'est mis à l'aise et on est resté dedans. Je sais pas ce que tu as fais, toi, hier soir. Je sais seulement que t'étais pas au bout du couloir, première porte à droite, je sais que t'étais pas assis sur ton lit, la manette de ta PS4 dans les mains et sur ta tête, ton casque et tu parles pas à quelqu'un dans le petit bitonio noir de ton casque rouge. Deuxième porte au bout du couloir aussi, il y a une absente, ta sœur a dormi ailleurs. Alors les deux cons sont sur leur canapé et regardent des merdes à la télé et boivent de la vodka et dînent au vin blanc, une fondue de poireaux et des maquereaux péchés en mer. Des trucs que vous aimez pas, en somme. Surtout la vodka. Mais pour le coup, ça m'arrange. Pas que ça en fasse plus pour moi, non, je suis pas un monstre. Kiki va bien mon Chéri, je crois que je l'ai un peu emmerdé cette semaine avec mes *selfies* que je t'avais promis. Il est sous sa literie, il l'a complètement défoncée en lambeaux de coton, il tremble je crois. Je me demande si dans une toute petite tête, il y a un petit organe qui pense et se souvient qu'à cause de moi, il a appris à nager dans de la vodka. Tu crois toi, qu'il s'en rappelle ?

Tiens, mais j'y pense, saute-mouton, coq-à-l'âne, c'est ma fête aujourd'hui. Et hier, Prince est mort au moment même où la Reine Elisabeth II fêtait ses quatre-vingt-dix printemps (enfin, printemps, vite dit, en même temps, y a plus de saison ma brave dame) dans l'indécence la plus complète. Mais tout ça, je m'en fous tu sais. Prince, Elisabeth II, ma fête. Tout ce qui compte à présent c'est d'aller au bout de cette foutue semaine, même t'écrire se fait fardeau. Je vais me concentrer sur une chose, une seule ; les tâches à accomplir. Et crois-moi fiston, des tâches, y en a ! Je bosse avec Céline aujourd'hui. Je l'aime bien Céline, je t'en ai déjà parlé. Elle est franche, honnête, droite, elle dit ce qu'elle pense et tant pis pour les conséquences. Je l'aime bien. Elle le sait. Je lui ai dit. Pour ma fête mon fils, j'ai reçu trois sms ce matin. Le premier de mamie, le second de tata Lili, le troisième du banquier qui me dit que mon solde est devenu débiteur de 155 euros. J'ai eu le temps de rien cette semaine. D'écrire à personne. De répondre encore moins. Même pas à Philippe Jaenada, c'est dire. J'ai mal au ventre. C'est pas ton absence, non mon Chat, c'est les poireaux d'hier soir. Si ça continue, je vais faire dans mon benne avant de rentrer à la maison. J'irai t'acheter ton saumon demain, je crois pas pouvoir tenir aussi longtemps. Le poireau est un puissant laxatif, bordel de merde ! Cas de le dire. Je le sais pourtant, que si je bosse le lendemain, je dois éviter d'en bouffer la veille. Mais je sais pas obéir. Je suis une vraie rebelle du poireau ! Je vais finir par avoir un moment *oups* comme dans cette pub à la con où une fille a une fuite et qu'elle met sa petite couche en disant qu'elle ne craint plus les moments *oups*. J'ai mal à ma dignité quand je suis devant la télé. Enfin bref. Tu viens de m'envoyer un sms où tu dis m'aimer d'amour. Je me dis qu'elle va être longue la fin de semaine. Par-dessus le marché, comme si la peine était pas assez lourde, je bosse demain, samedi. J'espère que l'effet *oups'* se sera dissipé.

Allez, bisous mon Amour. Je sais pas si je vais secouer Kiki. Je sais pas si je vais me secouer non plus. Je vais peut-être me laisser vivre jusqu'à dimanche soir. On verra. Selon le vent.

Je t'aime, mon Ange.

Samedi 23 avril.

Finalement j'y suis allée hier, acheter le saumon pour tes makis de demain. Je me disais qu'après le travail, aujourd'hui, j'aurais pas envie de foutre le plus petit de mes orteils dans un magasin. Les gens. À cause d'eux. Je peux pas faire ça. Les voir. Après la journée, je vais rentrer me mettre à l'abri à la maison. Enfiler, très tôt, quelque chose qui s'apparentera à un pyjama et attendre le soir. Que la nuit commence à venir, que les bruits deviennent lourds et qu'ils fassent presque échos contre les murs oranges de la maison. Je vais attendre sagement. On a rien de prévu ce soir, c'est tellement parfait. Le silence et la nuit. Tu rentres demain. J'ai hâte mon cœur. Tellement. À minuit et une minute, tu m'as envoyé un sms. Il y avait écrit, bonne fête. Je dormais à minuit et une minute. Je t'ai répondu ce matin, trois cœurs rouges, mon cœur, merci. De la semaine, pas une fois j'ai osé te demander si tu avais avancé dans la lecture de *L'Odyssée*. J'ai eu peur de t'emmerder. Quand à moi, je relis Michel Houellebecq, de son vrai nom Michel Thomas, *Extension du domaine de la lutte*, et trouve à l'intérieur cette phrase miraculeuse : « L'écriture ne soulage guère. » C'est vrai. Elle fait le même effet que ces appels qu'on donne à sa famille ou ses amis, parce qu'on est en colère, après la vie, après quelqu'un, après le temps, après n'importe quoi, et qui, au bout d'un moment, vous demandent : « Mais au fait, pourquoi tu m'appelles ? » Tu ne sais plus, pas, l'as-tu déjà su au moins ? Tu réponds, pour rien, j'étais juste en colère et tu dis que ça va mieux. Mais c'est faux. Ça va pas mieux, ou alors seulement dix ou douze minutes. Et puis ça revient. L'écriture est une vieille amie à qui je raconte ma vie. Mais je vais pas mieux pour autant. Un tout petit peu pendant, et encore. Je lui en veux pas, c'est pas de sa faute. C'est comme ça. De la même façon qu'il est nécessaire d'accepter les gens comme ils sont, j'accepte d'être ce que je suis. Une femme en colère. Ta mère à marée haute. Ta mère en tsunami. Ta mère orage. Ta mère tempête. Ta mère tout court. Je crois que j'ai toujours été comme ça, d'aussi loin que je me souvienne, j'ai toujours été en colère. Je me demande souvent les séquelles sur vous, je m'en inquiète un peu, je sais pas les ravages de la colère. Je sais des ravages mais pas celui-ci. On verra. Sûrement que la colère vaut mieux que la détresse ou la tristesse. Sûrement qu'elle permet d'apprendre à dire non. Être mère, être parent, c'est consentir à vivre entouré d'un millier, d'un million de questions et d'avoir aucune réponse. C'est vivre au milieu des points d'interrogation. Je parle de moi. Je t'explique. Tu sais comme j'aime expliquer. Souvent Jule me dit, bon abrège, tu veux en venir où ? J'aime bien prendre mon temps pourtant, expliquer, rentrer dans les détails parce que souvent, les détails sont plus importants que l'histoire elle-même. Bon, dis, sûrement que tu t'en cognes de ce que je te raconte. Sûrement oui. Allez, j'abrège. Je te laisse. Je t'embrasse de toutes mes forces. Et crois-moi mon Ange, de la force, il y en a en moi. À demain. Ici ou ailleurs, on verra, le vent qu'il fait dehors et ce qu'a dit l'écho.

Lundi 25 avril.

J'ai vu les larmes de mon fils le soir de son retour et mes mots qui ne parvenaient pas à l'apaiser. Ou alors un court instant et puis, au grand galop, elles revenaient. Plus épaisses, éreintantes, rougissant ses yeux. Première angoisse, justifier la perte de son portefeuille, l'absence de carte de cantine et de bus, la possibilité des remontrances et d'une punition. Je lui dis qu'il ne faut pas pleurer, pas pour ça, qu'il ne faut pas se mettre dans cet état. Il dit que je suis adulte, que je sais tout ça mais que lui, pas encore, que tout est plus facile quand on est adulte, que c'est injuste tout ça. Il a peur de se faire engueuler. Jule, toujours gracieux, du salon hurle que ça ne lui fera pas un deuxième trou au cul. L'élégance des paysans, que voulez-vous mes braves gens ? Souvent je râle quand il utilise les mots gros mais là, j'ai ri. J'ai ri d'abord parce que mon fils aussi, et puis, parce que la semaine avait été longue et qu'il n'y avait pas mort d'homme. Mon fils avait peur d'être sanctionné, c'était là sa plus grande crainte. Je lui ai expliqué, qu'il n'avait rien fait de mal, qu'il n'avait pas été : violent, insultant, impétueux. Que perdre son portefeuille, ça arrivait et que par conséquent, on n'allait pas le mettre contre un mur pour le fusiller. Il fallait trouver des images choquantes pour qu'il comprenne. Il a compris, un peu, s'est apaisé, un peu. Je l'ai embrassé, lui ai souhaité bonne nuit, c'était l'heure, il était déjà tard, demain la rentrée. Il fallait dormir. J'ai envoyé un message à Lili, pour lui dire que c'était fou l'état dans lequel il s'était mis, que c'était totalement démesuré et qu'on aurait dit moi. On a ri par sms en s'envoyant des *smileys* mort de rire. J'ai entendu la porte des toilettes et mon fils qui braillait de nouveau, cette fois il avait mal au ventre. Il fallait consoler encore. Encore. Encore. Jusqu'à ce que ça fonctionne mais je crois qu'épuisé, il a fini par s'endormir. Il s'est levé aux aurores pour chercher encore et encore ce foutu portefeuille. En vain. Il est parti comme ça, il a marché jusqu'à l'arrêt de son bus et regardant les bouts de ses baskets. Il a marché sans lever la tête en pensant sûrement à la soufflante qu'il allait se prendre déjà par le chauffeur de bus puis plus tard à l'intendance du collège. J'ai eu mal pour lui mais je ne pouvais, ne devais rien faire. C'est ça aussi grandir. Avoir mal. L'enfance est un panaris. Il faut appuyer dessus pour faire sortir le pus jusqu'à ce qu'il n'y en ait plus, jusqu'à ne plus avoir ni peur ni mal. La vie est un panaris. Je ne lui ai pas dit que tout ne passe pas toujours, que je suis encore un enfant qui tremble souvent à l'idée de me faire houspiller. Il m'a appelée dès qu'il était dans le bus, en arrivant au collège, en sortant de chez l'intendante. Il m'a appelée trois fois au moins. Tout allait bien. Une rate au court-bouillon pour rien. Il reste malgré tout quelque chose à faire qui ne le concerne plus. Refaire ses papiers d'identité, sa carte de bus et celle de la cantine. Facturée la dernière cinq euros. C'est bête ; j'allais reprendre l'écriture de mon roman en cours depuis des semaines.

Juste avant de se coucher, Jule a dit : « Et dans la voiture, t'es allée voir dans la voiture ? » Je m'étais endormie avec cette pensée, demain, première heure, quand tout le monde dormira encore, en pyjama, j'irai fouiller dans la voiture.

Mercredi 27 avril.

Aujourd'hui, j'ai dit au revoir à mon *Smartphone*. Mercredi. Repos. Ordi plus ou moins allumé, pas d'état de manque. Je réponds à Jacques Flament qui poste justement quelque chose sur le pourcentage de gens qui possèdent un téléphone. 91 %. Lui fait partie des 9 %. La première soirée. Les doutes aussi. Jule qui me dit : « Et si ? Et si ? Et si ? Et si tu es perdue et que tu cherches ton chemin ? Et si tu te poses une question et que tu as besoin de la réponse ? » Et si l'ultra connectée que je suis essayait de ne rien montrer mais que grâce à lui, ça ne fonctionnait pas. Évidemment que je doute, gros bêta. Il me demande si je suis triste. Si je m'ennuie. Je réponds non aux deux questions. Ce n'est pas de la tristesse, c'est une déception envers moi-même de m'être laissée en arriver là, d'avoir été cette incapable. Aussi un constat devant tout ce temps perdu à zoner dans la vie des gens, les inconnus virtuels, mes soi-disant amis. Je n'ai rien contre eux, n'allez donc pas me faire dire ce que je n'ai pas dit. Mais donnez-moi un *Smartphone*, j'en ferai un hémisphère, un organe vital, un troisième poumon ; pire, un cœur qui bat. Une amie écrit que c'est une horreur, que son Smartphone est le prolongement de sa main. Sur *Facebook*, j'ai mis un post, avec une photo de mon nouveau téléphone. Un machin qui fait juste téléphone, je pensais au moins installer ma boîte mail, sur l'appareil, il y avait une touche avec une enveloppe, j'y croyais dur comme fer. Mais la touche avec l'enveloppe est seulement celle des sms. On se fout de ma gueule.

On me prend pour une conne. On me propose un minitel. On me demande si ça marche à piles. Je doute. Est-ce que ces remarques sont faites pour rassurer ceux qui les disent ? Je me demande. Puisque ça ne peut pas être pour me blesser. Le problème avec moi, c'est que tout me blesse.

Jeudi 28 avril.

Levée tôt pour écrire, six heures du matin, la nuit. Cette impression au réveil, ce souvenir lointain que quelque chose a changé, mais quoi ? Quelques secondes à oublier puis soudain, se rappeler. J'y ai pensé tout de suite, aussi fou que cela puisse paraître à celui qui n'est pas, n'a jamais été ultra connecté, parce que d'abord mon téléphone est aussi mon réveil, comme mon téléphone est aussi mon appareil photo. Était, du coup. Alors la sonnerie ne me rappelait rien, je n'y étais pas habituée. J'avais installé un son style *danse hawaïenne*. Moins agressive que la précédente. Mais le réveil a toujours quelque chose d'agressif, je trouve. Réveiller quelqu'un qui dort, quand on y pense, c'est une horreur.

Aujourd'hui, outre le fait que ça va être ma première journée sans smartphone, loin de la maison, c'est aussi le dixième anniversaire de ma séparation. Il y a dix ans, le père de mon fils me quittait. Je peux le faire, moi aussi, quitter les gens, quitter les choses. Non mais !

J'ai donc pris un livre plutôt que mon téléphone et je suis allée à la selle, comme on dit. La première phrase disait : « C'est en suivant ses lignes de failles, quand on préfère aux choses l'apparence des choses, qu'on se trompe d'itinéraire et devient le clown de soi-même.* » Je trouve dans cette phrase une espèce

* Lyonel Trouillot, *Kannjawou*

de consolation à ma décision mais je me dis que j'aurais tout aussi bien pu l'appliquer à n'importe quelle autre décision, à n'importe quelle faille, à mon goût prononcé pour la vodka, par exemple.

Premier plomb qui saute vers neuf heures, peur de partir loin et longtemps sans un *Smartphone*. Le *Je* est devenu une chose que je ne comprends pas et je me sens soudain très seule.

Jeudi 28 avril.
(dix-neuf heures)

Une journée dans l'ultramoderne solitude, la vraie. Une journée de détresse sociale. Une journée déconnectée. Une journée, j'ai tenu une journée sans *Smartphone*. Je l'avais emmené, au cas où. Ça tombe bien, c'était le cas où. J'ai remis la carte sim dans l'emplacement prévu à cet effet. J'ai appuyé sur le bouton, la pomme est apparue, je me suis sentie libre.

Mais.

Et cela, j'en suis fière.

Je n'ai pas réinstallé l'application *Facebook*.

Car on ne manque à personne lorsqu'on est joignable à toute heure, du jour, de la nuit.

Et je voudrais manquer à quelqu'un,
juste une personne,
juste une fois.

MAI

Il ne suffit pas d'être heureux :
il faut encore que les autres
ne le soient pas.

JULES RENARD

Dimanche 1er mai.

Aujourd'hui Kiki est mort. À cause de moi. Je me sens minable. À cause de moi. Les enfants ont pleuré. Je sais bien que ce n'était qu'un tout petit machin de rien du tout, mais quand même. On était sur le canapé, les enfants et moi, on faisait avec nos bras, des ponts pour que Kiki se déplace de nous en nous, de Léopold à Elisa, d'Elisa à maman et vice versa. On l'a laissé se promener sur les coussins du canapé, sur nos ventres, nos jambes, nos pieds. Il venait même nous faire des petits bisous, avec son museau qu'il frottait contre nos lèvres. On avait réussi à l'apprivoiser.

Apprivoiser est le mot de la langue française que je préfère. À cause du renard et du Petit Prince. À cause de ce qu'apprivoiser signifie. J'étais heureuse pour et avec les enfants. Je ne sais pas ce qui m'a pris, on était bien. Pourquoi ai-je eu soudain envie de me lisser les cheveux, je me le demande encore. Je me suis levée, j'ai posé Kiki sur la table basse du salon, j'ai dit aux enfants : « Je reviens dans dix secondes, surveillez Kiki ! » Je comptais juste allumer le fer à lisser puis revenir et attendre, confortablement assise sur le canapé, qu'il chauffe. J'avais lavé mes cheveux le matin, je n'aime pas leurs ondulations naturelles, je les préfère lisses, raides, sans forme. Je me suis regardée un peu dans le miroir, je me disais que, quand même, ce n'était pas si dégueu que ça, au naturel. Jamais, bordel, jamais je ne me regarde dans un miroir en me disant que ce que j'y vois n'est pas si mal. Jamais ! Je n'aime sur moi pour ainsi dire rien. Mes mains peut-être, et encore pas les deux, la gauche seulement. Je sentais bien que quelque chose clochait, je me disais que c'était l'âge, qu'en vieillissant, peut-être, je commençais à m'aimer un peu. Je ne m'aime pas mais dans le fond, a-t-on réellement un besoin vital de s'aimer à ce point ? Toujours est-il que j'allais presque me contenter de ma tête quand je suis revenue dans le salon et que, sur la table basse, j'ai vu que Kiki n'était plus. J'ai demandé aux enfants : « Où est Kiki ? » Un des deux chiens de chasse que nous possédons, Fino, était près de la table, mais trop près pour être suspect. Et puis, ce n'est pas son genre. J'ai dit aux enfants de ne pas bouger, de rester calme, de faire attention à ne pas écraser Kiki. J'espérais qu'il vive encore sous un coussin du canapé. L'autre chienne, plus fourbe, était derrière le poêle à bois.

C'est Léopold qui s'est approché le premier. Il a dit qu'Abby, l'autre, la chienne, la salope, avait tué Kiki. Je me suis approchée, Elisa, derrière moi, aussi. Elisa a crié, hurlé, il y avait du sang, des petites taches rouge foncé sur le carrelage. Pas énormément, il pesait huit grammes à peine. Kiki agonisait au sol, derrière le poêle à bois, il n'était pas mort et c'était pire de le voir encore bouger. Elisa s'est mise à pleurer, très fort, des vraies grosses larmes ont commencé à couler de ses yeux sur ses joues. Léopold a suivi instantanément, comme s'il attendait le top départ pour les lamentations. On s'est assis, tous les trois, sur le canapé, personne n'a touché à Kiki, je serrais les enfants dans mes bras en essayant de me faire pardonner. J'embrassais leurs têtes à tour de rôle et dans la mienne je demandais pardon. Jule était en bas, au sous-sol, il bidouillait quelque chose, j'ai hurlé pour qu'il remonte. Quand il a eu gravi les marches qui séparent le sous-sol de la maison. Il nous a vu, tous les trois, moi serrant les enfants. J'ai dit : « Abby a bouffé Kiki ! » Il a dit : « Non ! » J'ai dit : « Si ! Regarde ! Derrière le poêle à bois ! » Il a dit : « Merde ! » Il l'a pris dans la main, a demandé : « J'en fais quoi ? » Je ne sais pas si à un moment il s'est demandé si je comptais le faire empailler. Je ne sais pas si à un moment il s'est demandé si j'allais lui dire de le mettre dans la poubelle. Je ne sais pas. J'ai dit de l'enterrer dans le jardin. C'est ce qu'il a fait. À chaque fois qu'on perd une bête, c'est Jule qui se charge de faire le trou. Une fois, la pire, en même temps qu'il creusait, il pleurait. Mais c'était sa chienne, pas un hamster. Le plus embêtant, c'est que c'était l'heure du coucher et qu'il fallait que les enfants dorment. Il fallait qu'ils se reposent. Ça me faisait mal, de les coucher comme ça et qu'ils s'endorment sur ma culpabilité. Mais il fallait qu'ils aillent se coucher. C'était comme ça. Ils ont voulu dormir ensemble, je n'ai pas pu leur refuser, même si en principe les veilles d'école je dis non. Je leur ai dit que j'irais en acheter un tout neuf demain, ils ont dit qu'ils en voulaient un qui courait dans la roue, un vif, pas un tout mou. Le plus beau aussi, le plus fou. Après il fallait les laisser dormir. Ils ont pleuré ensemble, je le sais, je les ai entendus. Je suis allée voir, consoler encore. C'était ma faute tout ça. Elisa a fini par s'endormir, Léopold a demandé s'il pouvait aller dans le lit de sa sœur, à cause qu'elle ronflait. Jule a remis Elisa dans son lit, j'ai discuté avec Léopold. Il était triste, il s'en voulait aussi, de n'avoir pas été vigilant. Comme moi. Il s'est endormi aussi, après un long moment. Je suis allée me mettre sur le canapé, anéantie, comme si je venais de perdre un ami.

Lundi 2 mai.

Je n'ai pas mis Elisa à l'école. J'ai cru qu'encore meurtrie par la perte de son ami Kiki, elle serait mieux avec moi. Léopold est en sixième, il n'a pas le choix. Maîtresse Caroline a souhaité du courage à Elisa dans cette douloureuse perte, quand j'ai appelé pour dire qu'elle ne viendrait pas. À 9 heures, on était dans la voiture, direction *Jardiland*, pour s'enticher d'un nouveau Kiki que l'on n'aura pas le droit d'appeler Kiki, ont dit les enfants. Globalement, je culpabilise tellement qu'ils pourraient l'appeler Maman, ce nouvel ami, tant que ça leur fait plaisir, c'est tout ce qui compte. On n'a pas traîné longtemps dans les allées de *Jardiland*. J'ai horreur des magasins, Elisa le sait, on prend ce dont on a besoin et on se casse. La dame se souvenait de nous, ou de Lili, je ne sais pas. Elle se souvenait qu'un visage qui nous ressemble avait déjà acheté un hamster et demandait si c'était pour mettre ensemble. Les hamsters russes vivent seuls, à deux ils s'entretuent. J'ai dit à la vendeuse qu'elle confondait avec ma sœur, que c'était elle qui avait acheté un animal quinze jours auparavant. On allait partir quand Elisa a lâché le morceau et demandé si c'était une fille ou un garçon, celui qui est mort hier.

J'aurais dû la mettre à l'école.

Mardi 3 mai.

J'écris simultanément mon second roman et mon *Journal* pour Jacques Flament. Mon second roman a pour l'instant plusieurs titres. Comme je n'arrive pas à me décider, je les ai mis en en-tête, je verrai plus tard. Mon *Journal* est presque sûr d'être publié puisque c'est Jacques qui me l'a demandé. Écrire un roman, c'est accepter l'éventualité de ne pas être publié.

Aucune certitude sur le nombre de ventes ni de trouver un éditeur. Ni d'aller au bout du roman. Ni même de franchir le cap des cent mille signes. Écrire, c'est douter d'arriver jusqu'à la ligne d'arrivée mais courir quand même. J'en suis au chapitre quatre.

J'avais pris des jours, pour écrire. Je n'en ai rien fait, à part quelques lignes sans aucun intérêt. Je suis en colère.

Mercredi 4 mai.

À sept heures, j'ai commencé à écrire, j'avais pris des notes hier déjà, de quoi avancer jusqu'au prochain chapitre, des notes concernant le héros de l'héroïne, Igor. Mais surtout ce matin, je suis en colère. Rien, pas un mot, rien depuis que mon *Bunker* est sorti. Pas un foutu papelard, que dalle ! C'était pourtant un chouette texte, même si court, quatre-vingt pages, O.K., on n'en fera pas la une d'une revue littéraire mais tout de même, un tout petit papier. Quatre, cinq lignes, c'est trop demander ? Je parcours le fil d'actualités de mon *Facebook*. Je me *googolise*. Je cherche, putain, je cherche et rien, je ne trouve rien. Pas un foutu mot, même pas un mot qui dirait que c'est de la merde. Tout le monde s'en fout de mon *Bunker*. Personne ne m'attend. Je ne suis rien. On parle des autres. Des auteurs qui écrivent, je n'en doute pas, très bien et même mieux que moi et qui méritent toutes les attentions qu'on ne me donne pas, à moi. J'ai envie, douloureusement envie de tout envoyer chier, de m'occuper de mes gamins, d'oublier l'écriture. D'ailleurs, je ne suis même pas certaine d'aller au bout, du *Journal*, du roman. Alain Emery me dit que je suis comme eux. Comme Laurent Herrou. Comme Alain Callès. Comme Bernard Vassel. Il dit que j'ai ça dans le sang, que je vais y arriver. Je ne sais pas, Alain, je doute. Je sors fumer une cigarette et à chaque latte, en recrachant la fumée, je ferme les yeux et je me promets d'arrêter d'écrire. Je me promets dès la semaine prochaine d'aller voir ma patronne et de lui demander, de la supplier de me reprendre à temps plein. Je me promets de me rendre enfin utile à quelque chose.

Je descends au sous-sol lancer une lessive.

J'ai besoin de parler à quelqu'un, à un ami, à n'importe qui. Le téléphone sonne, je prends cela comme un signe, quelqu'un pense à moi enfin ; j'espère. Je remonte en courant les marches du sous-sol, il y en a beaucoup, je manque de m'éclater dans les escaliers. J'arrache de son socle le combiné, je dis : « Allo ! » Je répète plusieurs fois, personne ne répond. La dame à l'autre bout du combiné semble se trouver à des milliers de kilomètres. J'entends mal, elle demande à parler à madame Etada. J'ignore comment cela s'écrit mais elle insiste, elle veut madame Etada. Je lui dis, dépitée, qu'il n'y a ici pas de madame Etada. Je suspecte qu'elle cherche à vendre des panneaux photovoltaïques, un inverseur de chaleur, une éolienne. Je l'envoie chier. Je lui dis qu'elle me pompe l'air et je lui raccroche au nez. Je m'allonge sur mon canapé et je pleure.

Les cinquante minutes du cycle court sont passées. J'étends consciencieusement le linge, dehors il fait bon, le printemps semble s'être enfin imposé. Je décide d'aérer un bon coup la maison puis de lancer d'autres lessives. Les draps. Les serviettes de bain. De faire la vaisselle. De vider les étagères. D'aspirer les poussières et les toiles d'araignées. De repeindre les murs du salon. De m'épiler les jambes. De poncer la corne de mes talons. De couper les ongles de mes pieds. De faire cuire un poulet. De ne pas écrire. De ne pas souffrir. Les enfants rentrent vers midi trente, il me reste deux heures, c'est parfait.

11 h 30. Un nouvel appel pour le contrôle du patrimoine français. Je pense suggérer à Jule qu'on fasse couper le téléphone. Pour la sauvegarde de ma santé mentale.

Jeudi 5 mai.

J'ai envoyé hier, mercredi, un message sur *Facebook* à un type qui écrit, un écrivain un vrai pas un scribouillard, qui lit beaucoup et partage ses lectures avec ses amis, contacts. Je ne lui avais jamais parlé avant, ou très peu. Je lui ai dit que je pouvais, s'il était d'accord lui envoyer le mien aussi de roman. Que publiée dans des petites maisons d'édition, je peinais à trouver des lecteurs. Surtout le roman, qui en plus est publié en Belgique, sans diffuseur. J'ai terminé par une phrase qui disait : j'espère ne pas faire trop pitié avec mon message et puis je lui ai souhaité une belle journée. Il l'a lu, tout de suite, on sait tout avec *Facebook*, mais il n'a pas répondu. Aujourd'hui, nous étions à Dijon pour un baptême, l'aller-retour dans la journée puisque contrairement à Béné, je ne fais pas le pont. Elle, si. Je n'avais donc pas de connexion internet, plus de *Facebook* sur mon téléphone. Puisque même si j'ai repris mon *Smartphone*, j'ai retiré les applications chronophages. *Facebook*, surtout, et un jeu totalement addictif. Je lis beaucoup plus depuis. *Women*, de Bukowski en ce moment. C'est fabuleux. J'en étais à Henry Chinaski pris d'une envie pressante de chier quand il a fallu rentrer dans l'église. Je me suis sentie pendant une heure trente en décalage total. Bukowski dans ma tête et des gens autour qui nous donnaient la paix du Christ. Je leur répondais, merci, quand ils me serraient la main. Jule leur disait bonjour. On ne savait pas quoi faire, on ne nous avait pas expliqué.

En rentrant, tard dans la nuit, encore émue, par le Pouilly, je me suis jetée sur mon ordinateur. J'espérais une réponse comme on attend une lettre d'amour à quinze ans. Il disait que non, mon message ne faisait pas pitié, non, ce n'était pas cela. De la peine oui, beaucoup, d'en être réduite à cela dans un monde aussi impitoyable que celui des lettres et de l'édition. Il me donnait un tas de conseils, sur la patience, le courage, la persévérance. Je savais déjà tout cela. Je n'avais pas besoin de ses conseils. J'étais écrivain, moi aussi, comme lui. Je savais déjà tout cela. Ce n'est pas ce que je lui demandais. Son message était très long et je me décomposais au fur et à mesure de sa lecture. Il écrivait aussi qu'il avait déjà été lire un peu les textes que je postais sur mon *Facebook* et que ce n'était pas du tout sa came. Il disait ne pas juger le style mais plutôt les sujets. Qu'il prisait les romans politiques, les fresques et la littérature de *l'extime*, pour reprendre les termes de Michel Tournier, dont je n'avais avant ce soir-là, jamais entendu parler. Ni l'auteur ni le terme. Je me sentais minable. Il disait donc refuser ma proposition, que cela l'avait mis très mal à l'aise, mon message direct et franc. Il terminait avec, courage et amitiés, et signait.

Je répondais tout de suite, puisque direct et franc, c'est mon deuxième prénom. Je m'excusais platement. J'étais à terre, en larmes, pas parce qu'il ne voulait pas me lire, non, parce que je faisais de la peine. Je ne lui disais pas cela, je ne lui avouais pas mes larmes. Et puis quoi encore ? Je m'excusais plusieurs fois de l'avoir mis mal à l'aise et je le maudissais de m'avoir fait si mal, mais j'écrivais encore, pardonnez-moi. Je lui expliquais aussi que je n'écrivais pas que de l'intime, que ce roman par exemple, était une fiction sur la condition des femmes, mais qu'il ne devait pas s'inquiéter, non, je ne cherchais plus à le convaincre, j'avais compris, oui, bien compris. Je le remerciais d'avoir pris le temps de me répondre, d'avoir été aussi honnête. Je lui expliquais aussi que je ne cherchais pas à faire de la littérature mon gagne-pain puisqu'il le laissait supposer. Je lui souhaitais beaucoup de succès avec la parution de son nouveau roman qu'assurément j'allais lire et je signais, amitiés, Alex. Il a lu tout de suite. J'ai fermé l'ordinateur et je suis allée pleurer dans le salon. J'ai dit à Jule que j'arrêtais d'écrire. Pour toujours. Que je n'étais pas faite pour ce monde-là, que j'étais trop sensible, qu'on m'écorchait beaucoup trop. Il m'a demandé pourquoi. Je lui ai expliqué, il a dit que ce type était un connard mais je savais que c'était faux. Je pleurais surtout pour cette histoire de peine. Je faisais de la peine. C'est ça qui m'avait fait mal. C'est pour cela que je pleurais. Parce que je faisais de la peine.

Vendredi 6 mai.

Bénédicte l'Hystérique fait le pont. J'ai envie de danser comme si j'étais en Avignon. Elle fait le pont. Youpi Chabadoubadou ! Pas moi, du coup, puisque je la remplace et qu'elle fait le pont. Mais vraiment, tant pis, parce que youpi Chabadoubadou, Béné la tarée fait le pont ! Depuis que je ne me suis pas laissé faire, elle ne m'emmerde plus, ou alors elle le fait mais ça ne m'atteint plus. Le plus dur, Lili avait raison, c'est le premier non. Les seconds suivent naturellement. J'ai décidé que plus personne ne me parlerait comme si j'étais leur serpillière. À Marina, que j'aime pourtant beaucoup, je lui dis aussi de se calmer. Je n'autorise plus. Un ami, que j'aime beaucoup, presque d'un amour fou, m'a dit un jour qu'on ne respecte pas les gens trop gentils, les gens comme moi. Qu'on ne craint rien d'eux et que, par conséquent, ils n'inspirent pas le respect.

Samedi 7 mai.

Depuis plusieurs jours, il y a un petit vieux qui attend, les bras croisés dans le dos, un bouquet de lilas pendouillant, que le cimetière lui ouvre ses portes. Les fleurs sont violettes, il regarde le champ dos au mur et il attend. C'est touchant de voir ce petit vieux tous les matins venir rendre visite à sa femme, j'imagine. Touchant, bouleversant, émouvant mais triste aussi surtout. De croiser ce petit vieux qui prend tous les matins le temps de lui faire un petit bouquet, un bouquet de fleurs violettes qu'elle ne verra jamais. Qui attend impatiemment que les nuits passent et que le soleil se lève enfin pour aller rendre visite à sa dulcinée six pieds sous terre.

Pauv' vieux.

Sûrement qu'il lui parle, quand les portes s'ouvrent et qu'il se retrouve tout seul, comme un con, face au marbre, gris peut-être.

Sûrement qu'il pleure un peu, qu'il profite quand il est seul qu'autour il n'y ait plus personne. Ça fait pitié un petit vieux qui pleure sa dulcinée six pieds sous terre. Personne n'a franchement envie d'assister à ça, ses larmes sur sa peau qui s'affaissent, dégoulinent comme des crêtes de coqs, vieux eux aussi. Vraiment c'est pas très beau à voir.

Sûrement qu'après il marche jusqu'à la boulangerie et qu'il continue à prendre deux desserts plutôt qu'un parce que les habitudes ont les dents dures. Deux babas au rhum comme au temps des peaux lisses. Deux babas qu'il s'enfilent l'un après l'autre. Après c'est pas mieux pas pire, mais c'est toujours ça de pris.

Sûrement qu'après il regardera dans son jardin, qu'il en fera le tour les bras dans le dos, croisés, et qu'il se demandera ce qu'il lui apportera demain.

Dimanche 8 mai.

J'ai été réveillé tôt par une violente douleur dans le dos. Toujours la même. Tentaculaire. Elle prend l'ensemble de la colonne et se propage dans les muscles et les os. Rien à faire. En me levant, j'ai trouvé un dinosaure en plastique incrusté dans ma peau. Celui d'Elisa qui a joué, hier soir, dans mon lit avant d'aller dans le sien. Mais ce n'est pas sa faute, la douleur venait d'ailleurs. Je suis allée me faire un café rapidement parce que mes yeux, dès qu'ils sont ouverts, il leur faut de la caféine. Je l'ai bu et puis juste après, j'ai eu envie d'aller me rallonger près de Jule, de le secouer un peu, de m'amuser. Jule dormait. Bien. Sa respiration était profonde et lourde comme celle du milieu de la nuit. Jule dort bien, à n'importe quelle heure, il dort bien. Il ignore ce qu'est une insomnie. Mon problème, c'est pas tant la nuit, mon problème c'est qu'une fois réveillée, je ne me rendors plus. Qu'il soit trois, quatre ou six heures. Ce matin, huit et un dinosaure. La douleur était encore là et je n'arrivais pas à secouer Jule. J'ai embrassé son corps, caressé ses cheveux, il s'est mis à grogner. J'ai continué. Il m'a dit que j'étais une chiasse. J'ai continué. Je me suis agrippée à lui, ma tête enfouie dans son cou que j'embrassais. Ma jambe gauche chevauchant son corps, son côté droit. J'espérais que sa main bouge, serre mon corps, qu'il m'embrasse aussi. Qu'il soulage mon dos. Il n'en a rien fait. Il n'a pas bougé. Il m'a dit qu'il dormait bien. J'ai dit, je sais. J'ai attendu encore. Allongée, dans cette position, mon dos me faisait souffrir inutilement, puisque Jule ne bougeait pas. Je me suis levée, Jule a demandé où j'allais. J'ai dit, boire un café et puis je suis sortie de la chambre. Jule, sans le savoir, en blessant mon cœur, a soulagé mon dos.

Lundi 9 mai.

Je ne manque à virtuellement personne. C'est un fait. Avéré et vérifié. Je ne me connecte plus, quasiment plus, et je ne manque pour autant à personne. Philippe Jaenada a fait l'expérience, durant une année entière, de s'enfermer dans une chambre et de n'adresser la parole à personne. Il avait prévenu son buraliste qui lui tendait ses clopes, encaissait l'argent sans poser de question. Au bout d'un moment, rapidement je crois, il a éprouvé un besoin quasi vital de s'exprimer et ne lui restait que l'écrit, que l'écriture. C'est comme ça je crois, qu'il a commencé pour de vrai à écrire. Je crois quant à moi que je n'ai pas encore pour de vrai commencé. Je bidouille oui, des morceaux de mots que je sème un peu partout. Passer du coq à l'âne me plaît, me va bien. Rester concentrée sur un texte, ne traitant qu'un sujet isolé, m'ennuie. Sans doute pour cette raison que je me suis retrouvée à tricoter, apprendre la guitare, acheter une machine à coudre, un vélo, des baskets, un maillot de bain, un harmonica. J'ai besoin de changement et souvent. Parfois, je me dis que ce genre de choses, je ne peux en parler à personne. Par exemple que mon premier mari ait décidé un beau matin de se barrer. Je me dis que j'aurais eu envie de le faire, moi aussi, tôt ou tard. C'est bien qu'il ait eu envie que ça arrive tôt. Mais ça, on ne peut le raconter à personne. Je réalise qu'il y a un tas de choses que je garde enfouies en moi et penser à ça réveille une sorte de trou, une béance. Comme une anormalité au milieu de la normalité de toute cette foule virtuellement immense, cette foule qui semble dire tout, tout haut et fort. Cette foule immense à qui je ne manque pas.

Mercredi 11 mai.
(tard le soir)

Je n'ai rien fait aujourd'hui, c'était mercredi, je n'ai pas écrit une seule ligne ni lu une seule page. Le matin, après que les enfants sont partis à l'école, je me suis affalée sur le canapé et j'ai glandé jusqu'à dix heures. J'avais pris soin de choisir le programme le moins intellectuel et il faut dire que je n'avais que l'embarras du choix. Une voiture est passée dans la rue, j'ai entendu qu'elle ralentissait et qu'on claquait une portière alors je suis descendue voir si le facteur était passé. Il avait déposé dans la boîte deux grosses enveloppes marron. Cyrille Berger m'avait envoyé plusieurs exemplaires de *La Socquette*, un fanzine 100 % résistance où on pouvait trouver en page 3, en A4, *Vous me faites chier*. Ce texte, je l'avais écrit en septembre. Il avait été partagé sûrement 15 000 fois, *liké* encore plus puis, quelques jours après, alors que j'étais au summum de mon ascension, alors que je recevais des dizaines de messages, d'insultes aussi parfois, *Facebook* l'avait supprimé parce qu'il n'était pas *standard aux règles de la communauté Facebook*. On n'avait plus entendu parler de moi. J'étais de nouveau partie dans les oubliettes de l'anonymat le plus total. Je repostais le texte dans la fierté de ma résistance cette fois.

Peu de temps après, je recevais un mail m'informant qu'enfin mon éditeur belge avait un diffuseur, ce qui signifiait qu'on allait pouvoir trouver mon premier roman dans toutes les librairies de France, à condition de se donner la peine de le commander. C'était une excellente nouvelle. Je n'allais plus avoir besoin de courir à *La Poste*.

L'après-midi, avec Léopold, on avait essayé de fabriquer une bibliothèque avec du bois de récupération. J'avais marché sur un clou, foutu du sang partout et le meuble était complètement bancal. Avant de coucher les enfants, on avait préparé la tenue d'Elisa pour le lendemain. C'était le jour tant attendu de la fameuse photo de classe. Tout devait être parfait, les couleurs coordonnées, les vêtements à la taille ajustée. On préparait sans essayer, posait les vêtements sur un tas de bordel dans sa chambre, se faisait des bisous, se souhaitait une bonne nuit, de beaux rêves, patati patata, le rituel quotidien, épuisant par moments.

Jeudi 12 mai.

On aurait dû essayer, ou s'assurer au moins que les vêtements étaient à la bonne taille. On pouvait mettre dans la paire de collants sélectionnée environ quatre longueurs des déjà grandes jambes de ma petite Elisa. Ça n'allait pas du tout, le tissu faisait des bourrelets et gênait ma Bouclette. Patatras ! Il fallait tout recommencer, je chopais au hasard une autre paire. C'était moins raccord avec la tenue mais c'était la bonne taille. Elisa sera de toute façon la plus jolie. Son père dit que même en pyjama elle serait la plus belle. Elisa voulait mettre un peu de maquillage mais elle avait finalement déclaré que ce n'était pas la peine. J'avais demandé pourquoi. Elle avait répondu que le maquillage, c'était bon pour les moches. Que c'était moi qui lui avais appris ça.

Après le départ de tout le monde, j'allumai *Facebook*. Il me restait une bonne heure avant de partir à mon tour gagner mon pain quotidien. Je tombai sur une vidéo. On y voyait un enfant londonien au milieu des bombes. La vidéo expliquait, en anglais, que ce qui arrivait à l'autre bout du monde, les enfants sous les bombes, pouvait aussi arriver, ici, chez nous, en France ou en Angleterre. J'avais lâché trois quatre larmes. La gamine était franchement mignonne. Une trogne d'amour. Je suis allée me doucher. Cette vidéo était le second épisode, le premier commençait quand la guerre n'avait pas éclaté. On y voyait une famille heureuse, la gamine fêtait son anniversaire et puis les bombes avaient commencé à tomber du ciel, éparpillant sa famille. C'était déjà bien triste. La seconde était pire. Mais enfin, le summum c'était quand même de devoir faire ce genre de vidéos. Ça sous-entendait qu'il fallait, pour certains, s'identifier afin de prendre conscience de l'atroce réalité. Moi je me disais qu'un enfant londonien sous les bombes, ce n'est pas plus horrible qu'un enfant syrien sous les bombes.

Pendant tout ce temps, le haut que j'avais choisi pour aller travailler tournait dans le sèche-linge et j'écrivais, torse presque nu, les seins dans mon soutif, mon écœurement au monde, bercée par le privilège de notre démocratie qui, doucement, elle aussi, succombait.

Vendredi 13 mai.

Dieu du Loto et du Hasard, je t'en prie, fais que je gagne au tirage de l'*Euromillion*. Je crois en toi et je sais que tu n'oublieras pas ta petite brebis qui si souvent s'égare. Fais en sorte qu'elle puisse :

1) claquer sa démission ;

2) rembourser tous ses crédits ;

3) se casser pour une fois et pour de vrai, en vacances très loin et très longtemps.

Dieu du Loto et du Hasard, je t'invoque. Tends la main à ton amie la Pluie, arrosez ensemble mes plantations, faites que mes carottes poussent et que mes oignons soient les plus gros de tout Chaumont. Donne-moi le courage d'aller ce week-end désherber à quatre pattes et les genoux dans la terre le potager. Fais en sorte que je ne râle pas (trop) et, comme je viens d'avoir mes règles, que je n'aie mal nulle part. Donne-moi la volonté d'extraire mon cul du canapé, d'éteindre la télévision et de sortir de la maison. Je n'ai guère de grosses exigences Dieu du Loto et du Hasard, je souhaite juste vivre OKLM, comme dirait mon fils. Manger les légumes que je cultive et de temps à autre, pouvoir m'évader un peu. Merde alors, Dieu du Loto et du Hasard, tu sais te décarcasser parfois pour d'autres que moi, alors qu'attends-tu ?

Comment ?

Que dis-tu ?

Parle plus fort Dieu du Loto et du Hasard, je n'entends rien ! Je ne joue pas au loto ? Comment ça je ne joue pas au loto ? Tu dis que je ne crois pas à la chance. Ah, mince, c'est embarrassant et fort peu pratique pour gagner, je te le concède. Mais alors, que faire ? Se mettre à y croire, en sa bonne étoile. Mais Dieu du Loto et du Hasard, montre-moi alors, fais tourner ma chance, donne-moi ma chance. Oh crois-moi, Dieu du Loto et du Hasard, si tu me files quelques millions d'euros, sur la tête de mes enfants, j'en ferai bon usage. Même un seul million. Même la moitié d'un million. Mais par pitié, fais péter l'oseille ! Et pardonne à ceux qui t'offensent mais n'oublie pas ceux qui ne t'ont rien fait.

Samedi 14 mai.

On n'a rien gagné. On avait joué pourtant. *Loto, Super Loto, Euromillion* et même *Astro* à gratter. Que dalle ! On a pris la mappemonde de Léopold et on s'est mis tous les quatre à rêver. À tour de rôle, on fermait les yeux, je faisais tourner la terre et on plantait notre index sur le monde ! On a drôlement voyagé hier. Léopold est allé au Canada et en Suède, il était super content, apparemment Zlatan Ibrahimović est Suédois, je sais, c'est pas flagrant flagrant alors je suis allée vérifier sur le net, ça dit : « Zlatan Ibrahimović est un footballeur international suédois, né le 3 octobre 1981 à Malmö, qui évolue actuellement au poste d'attaquant au Paris-Saint-Germain. Il est considéré comme l'un des avant-centres les plus complets au monde. » Donc Léopold était vraiment très content de gagner ce voyage en Suède et d'avoir l'opportunité de rencontrer, le grand, l'immense Zlatan. Elisa est allée à New Delhi, deux fois de suite. À croire qu'elle avait beaucoup aimé la première fois. Jule a pointé sur Mañagaha, une île des Mariannes, le veinard, et le Kazakhstan, moins bandant. Quant à moi, jackpot, Sri Lanka et Hong Kong ! Fabuleux ! On n'était jamais partis aussi loin en vacances ! On n'a écrit à personne, on n'a rien ramené non plus, c'est passé si vite, l'espace d'une soirée.

Dimanche 15 mai.

Écrire ce journal c'est accepter de venir noter noir sur blanc ma vie, mes actes, mes choix. De voir le bien, le mal, de le soupeser. D'observer les gens avec le recul nécessaire, de devenir totalement objective à propos des autres, à propos de moi. De relativiser aussi beaucoup. De me débarrasser de certaines choses dont je ne veux pas. Comme si, voilà, c'est écrit, ça ne m'appartient plus, c'est à présent au texte, au lecteur. Démerdez-vous avec ça. Comme dans la cour de récré on joue à *la bombe*. Écrire me met devant les faits. Comme j'écris, je sens. L'amour, par exemple. De Jule, de lui pour moi, de moi pour lui. J'hésitais à le faire, à me livrer à cet exercice, j'ai compris hier pourquoi. Mais c'était la peur que vous vous retrouviez chez moi. Et puis au fur et à mesure que j'écris, je n'espère qu'une chose, c'est que vous vous y sentiez bien. Que vous restiez l'année avec moi, que vous n'ayez pas envie de partir. Pas tout de suite.

Lundi 16 mai.

Il y a 20 ans, jour pour jour, je tentais de me donner la mort. Ma mémoire est défaillante mais je me souviens parfaitement de ce jeudi 16 mai 1996. Vingt ans après, je suis assise dans mon salon repeint complètement à neuf, depuis hier, mes deux petits amours à mes côtés. Mon fils me beurre une tartine de pain, après m'avoir fait couler un café. Ma fille est allongée, sa tête sur mes jambes. J'écris et elle est mon chat. Jule se lève, m'embrasse, me demande si j'ai écrit, je dis oui, il sourit. Je lui dis que je reviens sur certains passages de mon *Journal*, que je comble quelques trous. Il dit : « Je vais t'en combler des trous moi ! » Et il se marre. Je lui demande s'il m'autorise à écrire sur lui, je lui explique que j'ai moralement besoin de son autorisation. Il dit oui, il s'en fout, tout ce que je veux mais pas que du mauvais ou alors dilué dans le bon. Il voudrait aussi que je parle de la taille de son sexe. Il se marre encore, je me marre aussi. Je lui dis qu'il est con et je l'embrasse sur la joue, près de l'oreille. Sa peau est molle, ridée déjà à cause du soleil, des engrais et des pesticides. Il a une peau de vieux. Plus j'écris ce *Journal*, plus je sens qu'il sera pour lui. Qu'en première page, j'écrirai : « À mon Jule. » Étrangement aussi, plus j'écris ce *Journal*, plus je retourne dans l'amouration de notre histoire. Écrire me fait du bien, parce que je me sens aimée et parce que je me sens aimer, écrire me rend meilleure. Pas meilleure écrivain, non, humainement meilleure, j'entends.

Mardi 17 mai.

« Mon Ange,

Je vais prendre ce soir sûrement un peu plus de temps que les autres soirs. D'abord parce que tu m'as émue avec ton texte, aussi parce que tu vas partir et que je te donne des munitions et que j'ai besoin d'en avoir, car je sais que tu prendras le temps, en retour, de m'en donner, avant ton départ.

Il est très beau ton texte, pas très sérieux, je ne sais pas, je ne trouve pas qu'il est léger en tout cas. J'imagine aussi souvent le jour de mon départ (surtout et étrangement souvent ces derniers jours d'ailleurs). C'est peut-être aussi pour ça que ton texte m'a touchée à ce point ce soir. Serai-je là à ton enterrement ? Je me le demande souvent. Ou toi, au mien ? L'un de nous deux partira avant l'autre, c'est en tout cas une chose certaine.

Je suis vannée, nous avons repeint le salon et le couloir complètement samedi et dimanche. Ce matin, j'ai écrit un peu, Jule a tondu, j'ai rangé la maison et cette après-midi, contrairement à toi, j'ai biné à mort ! Je n'en peux plus ! Je suis lessivée ! Mon potager pousse bien, incroyablement mieux que ce qu'on avait imaginé ! Même les anciens sont bluffés, c'est dire ! Ils viennent admirer ce qu'on a réussi à faire ! Avec Jule, on se marre ! La sœur de Manu, Séverine, et son chéri sont passés filer un coup de main, puis on a fini à l'apéro jusqu'à 20 h chez nous. C'était sympa ! Vraiment sympa. On a parlé de Manu, ça faisait du bien. Ça faisait un moment qu'on n'osait plus en parler, comme si on s'était habitué à son absence.

Bref. Tout le monde est venu faire son petit tour, c'était rigolo. Finalement, on s'est rendu compte qu'on avait passé trois jours super cool, Jule et moi. On a bossé, fait ce qu'on avait à faire, sans s'engueuler, sans se prendre la tête, et tout est nickel. Demain matin, on prépare sa compta (on a repoussé jusqu'au dernier moment mais là on est pris à la gorge. Rendez-vous demain 10 h à Sens, plus le choix). Alors on se lèvera tôt et on préparera les papiers. Oui, c'est pas sérieux, mais merde hein, on n'a pas eu le courage de se mettre le nez dans les papiers avant. Quand t'as pas de fric, c'est pas de voir la réalité en face qui te donne goût à la vie, ni même envie de rire. Quand t'as pas de fric et que t'es un peu pris à la gorge, t'as surtout méchamment la rage de te casser autant le cul et de voir qu'au bout, y a juste ta sueur qui perle, sur ton front et dans ton dos, et rien d'autre. Rien d'autre que la fatigue et l'angoisse de ne pas y arriver. Et je ne parle même pas pour moi, je parle surtout pour Jule. Alors on a fait les autruches. Deux belles et jeunes autruches. Les culs bien tendus en l'air et nos têtes profondément enterrées dans le sable ! Demain, on ne va pas avoir d'autre choix que de le sortir, notre crâne. En tout cas, on aura passé une bien belle journée, ah ça oui ! Et j'espère que ça nous aidera !

Hier, j'ai *rénové* un meuble ! T'aurais dû voir ça ! Je sais que tu adores toutes ces choses-là, faudra que tu passes voir un jour, en photo ça donne rien. J'étais super fière de moi, j'ai fait ça avec Léo, même si pendant un moment, il a merdé à repeindre avec un pinceau qu'il trempait dans le mauvais pot de peinture. L'art de perdre son temps, quoi !... Mais c'est pas grave, il en jette dans l'entrée ! C'est beau, c'est lumineux et ça fait du bien d'y voir clair.

Tu pars donc bientôt... je ne sais pas si tu pourras me contacter pendant tout ce temps... Je vais essayer d'avancer dans mon *Journal*, je sais que tu dis de ne pas compter les signes mais mine de rien, je suis un peu obligée. J'en ai 300 000 à écrire, j'en suis à 90 000 et on est mi-mai. Je suis un peu à la bourre, même si j'ai encore le temps, n'empêche. J'ai mis tellement de temps à me décider, que j'ai perdu des signes. Je vais remonter doucement. J'ai quelques évènements qui me reviennent. Et puis cette lettre par exemple, elle fait un paquet de signes, pas loin des 5 000 j'imagine, je pourrais l'insérer dans le *Journal* et les lecteurs se demanderaient à qui donc je peux bien écrire. Toi que quasiment personne dans mon entourage ne connaît. Jule t'a bien croisé, une fois. À certains, j'ai parlé de toi, je t'ai évoqué. Invoqué parfois. On se demandera si tu existes. Ce sera aussi une façon de raconter ma journée. Et comme on me demande souvent si ce que j'écris est vrai ou ne l'est pas, on me demandera, peut-être, si c'est faux, cette fois, cette histoire d'Ange. Souvent les gens veulent savoir si c'est vrai ou pas, les choses que je raconte. Mon problème, tu le sais, je suis dupe. Tu me racontes la lune, j'y monte. Je crois tout, sans rien voir. Je pars du principe que ce n'est pas parce que je n'ai jamais vu un milliard d'euros que ça n'existe pas. Et puis aussi, je crois tout parce que je sais que tout est possible. Tout, absolument tout. Le meilleur comme le pire.

Sauf peut-être de demander à un vieux singe de ne pas faire la grimace.

Allez, mon Ange, je vais me déconnecter un peu, aller m'allonger, faire le vide et étendre mon corps, ma carcasse endolorie des efforts dans le jardin. Je t'embrasse, fort. J'aimerais te voir avant que tu partes mais je sais que ça va être compliqué. Alors je penserai doublement à toi et à ton impatience de nous relire, dès ton retour.

Ton étoile. »

Mercredi 18 mai.

Ça y est, ça m'a titillée de nouveau, ça m'a chatouillé le pouce. Anne-Marie m'avait dit qu'avec les addictions, le plus dur ce n'était pas forcément les premiers temps. Les premiers jours ou les premières semaines. Le plus sournois, c'est ce moment où, te croyant débarrassée, tu te dis que c'était bien plus facile que ce que tu avais imaginé. Et que, par conséquent, bah tiens, si s'en défaire est si simple, pourquoi ne pas le refaire. Bah tiens, oui, pourquoi pas ? J'avais eu envie de réinstaller l'application *Facebook* sur mon téléphone, afin de pouvoir poster des photos de ma vie, d'en surveiller à tout moment l'évolution de ses *likes*. Ça me manquait cette espèce d'excitation. Tout ça parce que j'étais allée au jardin, que les navets et les choux étaient beaux et que j'avais fait des *selfies* avec pépère. Des *selfies* hyper classe, avec pépère très vieux et moi, dans la fleur de l'âge, belle comme un cœur d'artichaut. Mais envoyer par mail, transférer via *iPhoto*, télécharger l'image, bordel de merde, rien ne fonctionnait comme je le voulais. En téléchargeant l'application *Facebook*, j'aurais pu poster la photo en deux clics et attendre devant l'écran, suintante à l'idée que ça n'intéresse personne.

J'ai alors appliqué la méthode *Allen Carr*, la même que quand j'ai arrêté de fumer mon paquet et demi de clopes par jour. À chaque cigarette, se demander si on en a envie, besoin. À l'époque, j'avais acheté son bouquin. J'ai toujours aimé acheter des bouquins. Pour jardiner avec la lune, apprendre à se détendre, avoir de belles jambes, faire des confitures. Si vous avez un jour besoin d'un manuel, peut importe ce qu'il contient, ne cherchez pas, je l'ai forcément. Mais ne trouvant rien pour mon addiction aux réseaux sociaux, j'ai biaisé en me servant de mes acquis. À l'époque, en rentrant, je m'étais jetée sur la quatrième de couv, j'avais lu quelques pages, compris le principe, reposé le bouquin. Il fallait se demander à chaque clope que l'on sortait du paquet, si on en avait : envie ou besoin. C'était une méthode ultra simple et j'en avais les deux à chaque fois. Envie et besoin. Ce qui m'a réellement fait arrêter de fumer mon paquet et demi de clopes par jour, c'est l'asthme de mon fils. D'ailleurs, je suis convaincue qu'on devrait tous avoir un petit asthmatique à la maison. J'ai réduit ma consommation de tabac et d'un paquet et demi, je suis passée à trois clopes par jour. Je fume infiniment moins. Sans patch, sans hypnose, sans rien du tout. Juste la volonté de ne pas intoxiquer mon fils. En revanche, et ça c'est clair, je picole vachement plus qu'avant. Mais les effluves d'alcool n'aggravent pas l'asthme de mon Léopold. Je me demande si je ne vais pas écrire un bouquin et j'ai déjà le titre : *Comment faire un petit asthmatique et en finir ainsi le tabac*. Étape un : choisir un papa asthmatique si toutefois vous ne l'êtes pas vous même. Fin. Ou alors, idée de génie, je vais créer un réseau social, j'appellerai ça : *Adopte un asthmatique.com*. On pourrait garder l'enfant asthmatique à demeure tant qu'on se sentirait encore sous influence de nicotine. Puis, quand enfin l'envie de replonger se serait éloignée – ça peut prendre parfois des années –, on rendrait l'enfant à l'hébergeur du site qui le remettrait en ligne afin de le proposer à une nouvelle famille de fumeurs. C'est vraiment une idée de génie que je viens d'avoir ! J'y crois à mort !

Finalement, l'idée de poster ma photo m'est passée et au lieu de ça, je suis allée voir sur Internet à quoi ressemble un doryphore. Jule dit qu'on devra sans doute aller les retirer à la main, vu que j'insiste pour faire du bio. Mais j'ai l'impression qu'avec pépère, ils essayent de me la faire à l'envers. Je les ai surpris à mettre de l'engrais dans mon terreau. Je crois qu'ils me prennent pour un lapin de trois semaines, les deux culs-terreux ! Éreintée, épuisée, le corps lessivé, je m'étais allongée sur Jule, devant la télé. On avait passé une partie de la soirée à biner la terre, plusieurs heures à quatre pattes à ôter les mauvaises herbes, pousser les cailloux, éclaircir les rangs de carottes et de navets. Alors en rentrant, on n'avait pas eu le courage de se doucher. Nos corps fatigués s'étaient serrés l'un contre l'autre. On était allé se coucher comme ça, comme deux marcassins baignant dans leur crasse. Ça ne regarde que nous, après tout, les cochonneries que l'on ramène dans notre lit et les souillures qu'on y laisse. Que nous. On a passé l'âge de se faire engueuler parce qu'on n'est pas douché. On bataille assez avec les gamins pour qu'ils acceptent de se laver. On ne va pas en plus se foutre la rate au court-bouillon pour nos presque quadragénaires carcasses.

Jeudi 19 mai.

Il y a une voiture, la même que la tienne, garée pas loin de la mienne, mais ce n'est pas toi, puisque tu es parti. J'ai des sanglots plein la gorge et dans les yeux aussi, mon ventre me blesse car hélas tu es parti. Anne-Marie aussi, le même jour, au même endroit, étrangement. Je vais écrire et aller bien, je te l'ai promis. J'ai du mal à parler, ma voix part en aigus alors je monte le son. Marilyn Manson chante et hurle et je l'accompagne et gueuler me fait un bien fou. *Warship My Wreck*. Je suis une poupée de papier et toi, le kamikaze de mon cœur. Je pleure à l'intérieur pour ne pas déchirer le papier trop mouillé.

Vendredi 20 mai.

J'ai dit ce soir à Jule que je t'aimais, mon Ange. Que je t'aimais d'un amour qui n'avait rien à voir avec l'amour que j'éprouve pour lui, par exemple. Je ne sais pas pourquoi j'ai eu besoin ou envie de lui dire ça. Que je t'aimais d'un amour qui n'avait rien à voir avec l'amour que j'éprouve pour lui. Je voulais qu'il entende la différence et en même temps qu'il sache. Qu'il sache que je t'aime. Et que je l'aime aussi.

On était assis tous les deux sur le canapé et on parlait, du temps qui passe, de nos grands-parents, de nos parents, de nos enfants. Ou alors on s'est mis à parler de ça, je ne sais plus. Ça vient d'arriver et déjà je ne sais plus. En tout cas, Jule a fait le rapprochement direct ; bah oui, c'est comme quand tu as un enfant, l'amour que tu as pour lui, ça n'a rien à voir avec l'amour qu'on a pour l'autre.

Aussi simple que cela.

Aussi sain que cela.

Samedi 21 mai.

Entrer dans une librairie, flâner et tomber par hasard sur un carton.

Dessus le carton, une pancarte où il est écrit :

PRENEZ UN ARTICLE, N'IMPORTE LEQUEL, LISEZ-LE,
C'EST FABULEUX !

Être émue, être émue comme pas possible,
Demander au libraire : « Vous savez qui c'est ? »
S'entendre répondre : « Comment ça, je ne comprends pas ! »
Recommencer : « C'est moi, la personne qui a écrit ce livre ! » … en montrant le nom en rouge, au-dessus du boulet des interdits.
Remercier, une fois, deux fois, dire qu'on n'en revient pas.
Écouter la demande, j'aimerais lire le reste, vos autres livres.
Répondre que vous repasserez, demain ou tout à l'heure,
Promettre.
Entendre le réveil sonner,
Entendre ce putain de réveil sonner,
Comprendre tout ce que cela signifie.
Ne rien avoir dans le frigo,
Préparer un paquet de petits gâteaux,
Monter dans sa petite auto et réaliser 500 mètres plus loin qu'on a oublié le paquet de petits gâteaux,
Se dire qu'on s'arrêtera à la boulangerie,
Offrir des croissants aux collègues et un sandwich pour midi,
S'entendre dire, carte avec contact, 90 centimes, sans contact 15 euros, mais vous avez un distributeur plus haut.
Tourner les talons, dire non, je suis pressée, tant pis, au revoir,
Et dans sa voiture, hurler connasse.
Entendre son ventre crier famine.
À 7 h 47, être déjà en mesure de qualifier cette journée de parfaite journée de merde.

P.S. J'ai faim.

Mardi 24 mai.

Le dernier soir de tes cinq ans, Elisa. Le dernier, je te dis ça et tu me regardes avec tes grands, avec tes immenses yeux. Tu fais des bonds partout, tu veux m'apprendre le bonjour du clown. L'une pas tout à fait en face de l'autre, on se fait coucou, on avance en montant haut les genoux et loin les coudes puis on se serre les chevilles au lieu de se serrer la main. On a fait ça dix fois, j'en pouvais plus. Papa s'est bien payé ma gueule. Il a dit que j'étais pétée et c'est vrai, je suis fatiguée. J'ai préparé la mini-kermesse et je prie pour qu'il ne pleuve pas demain. La pêche aux canards, je la préfère dans le jardin plutôt que dans le salon. Tu as invité plein de copains, certains ne vont pas venir et n'ont pas pris la peine de prévenir. Tu vas être un peu déçue mais tu vas vite te rattraper. T'occuper de ceux qui sont là et qui ont pris en plus la peine de confirmer. Ça fait partie de l'apprentissage, ma fille. Regarde. Aujourd'hui, c'était la sortie scolaire (le bonjour du clown, c'est pour ça, tu es allée au cirque), celle qui rend les mômes si excités et les parents un petit peu moins. L'an dernier avec ton père, on a merdé grave. J'ai eu une illumination, tu te souviens ? Un déclic, une étincelle comme on dit. Assise devant mon écran d'ordinateur, au bureau, l'an dernier, à la même heure, pile poil, je réalisais que j'avais complètement zappé la fameuse et très attendue sortie scolaire. Avec le pique-nique, bien sûr, et tout ce qui va avec, tant qu'à faire. Tu étais partie passer ta journée à la ferme avec ta robe à froufrous, parce que tu adores ça, les froufrous, les paillettes, les bijoux et, paradoxalement, te promener les fesses à l'air et coller tes mains dans la boue. Enfin, toujours est-il que, d'un coup, je ne sais pas pourquoi, je m'en suis souvenue et tu y étais déjà. Oh bah ! j'ai pleuré, bien sûr que j'ai pleuré. Et puis, je m'en suis voulue, à mort comme pas possible. On m'aurait donné un fouet à clous que je m'en serais tapissé le dos. Mais aujourd'hui, on a assuré et pas qu'un peu. Le sandwich triangle, les chips, la petite bouteille et le sac à dos avec ton nom écrit dessus au feutre noir. La totale. La classe les vieux. On a demandé si des parents avaient oublié le pique-nique de leurs gamins, tu nous as dit que non, on a fait un peu la moue. Mais ça aussi, ça fait partie de la vie. L'apprentissage. Tous les jours on apprend. Tu verras Elisa. Mais demain, ma fille, demain tu as six ans et ce soir, c'était le dernier soir de tes cinq ans. Je viens de te coucher, j'ai trouvé ça très émouvant, c'est bête, hein ! Je ne sais pas pourquoi, c'était peut-être de me dire que c'était le dernier soir de tes cinq ans, qu'après ça, il me faudra mes deux mains pour montrer ton âge et que le temps passe si vite, que je n'aurai bientôt plus assez de mes dix doigts pour prouver depuis combien de temps, moi je suis fan, mais fan bordel, de toi.

Vendredi 27 mai.

Hier soir, à *La Grande Librairie*, Christophe André parlait du livre qu'il emmènerait en vacances. J'imaginais Christophe André, en slip de bain, sur la plage de Biscarosse, un bob vissé sur la tête et dans ses mains, ses longues mains fines et délicates, le *Journal* de Jules Renard. Christophe André parle doucement et il faut tendre l'oreille pour entendre chacun des mots qu'il prononce et c'est très bien parce que pendant ce laps de temps, on ne peut penser à rien d'autre qu'à l'écouter parler. Jule me raconte, au même moment, non mais vraiment il le fait exprès, que demain soir il veut aller pêcher, il dit qu'il ne rentrera pas tard, vers minuit au pire, il se demande s'il va emmener Léopold. Il dit qu'ils ont prévu de la pluie, des orages peut-être, et ce vent qui vient de l'Ouest, c'est franchement pas terrible pour le gosse. Je soupire. Je m'en fous moi, de sa virée à la pêche de demain soir. Je n'entends pas Christophe André qui parle maintenant des effets thérapeutiques du *Journal*. J'ai besoin de savoir, de comprendre, d'entendre ce que je sais déjà, pourquoi je me sens mieux depuis que j'écris ce *Journal*. Pourquoi et comment. Il cite Jules Renard et c'est sublime. Il dit : « Il ne suffit pas d'être heureux : il faut encore que les autres ne le soient pas. » Mais Jule parle et j'entends mal. Bordel de merde, Jule ! Je lui demande de se taire. Je lui dis, sérieux, Jule, tu vois pas que je regarde *La Grande Librairie* ? Il dit que si, bien sûr, mais qu'il s'en fout lui, de *La Grande Librairie*, que le mieux, c'est quoi ? Qu'il envoie un message à Franck ou qu'il l'appelle, pour savoir pour demain, s'il vient à la pêche avec lui ou pas. Je dis : « Envoie un message. C'est mieux le message. Sinon tu l'appelles, demain matin. C'est bien aussi demain matin. » Je lui demande si je peux retourner à mon émission, il ne dit rien, je retourne à mon émission. Notre silence est convenu. Christophe André évoque ensuite son incapacité à lire *Les Fleurs du mal*. Pendant ce temps, Jule continue de parler. Il prétend, Christophe, pas Jule, que Baudelaire incarnait les poètes maudits et que c'était une très mauvaise chose. Il sous-entend peut-être qu'il aurait moins de travail si les artistes ne se sentaient pas tant châtiés. Là-dessus, Yann Queffélec lui récite tout de go la fin du poème entamé par André. Et paf, il lui coupe la chique. On te fait un plan sur André, magnifique, tendre, il est beau, il passe vraiment bien Christophe André à la télé.

J'avais acheté son bouquin sur la méditation, je m'en souviens. Avec, ils offraient un cd. Pratique, je me suis dit. J'imaginais l'écouter en allant bosser, je me disais que ça allait bien me détendre sur le chemin, les vingt-deux minutes qui me séparent de ma normalité. J'étais allée l'acheter, vraiment contente de mon achat en plus. Je m'en souviens. J'avais rangé le caddie de courses, récupéré le jeton dans la fente et je m'étais assise dans ma confortable *Saab*, une bonne bagnole ça, la *Saab*. On avait été obligé de la revendre, 3 000 euros, on avait eu les boules, mais à chaque fois qu'il fallait changer une pièce, on y allait d'un billet de 700. Donc, je m'étais assise dans mon confortable fauteuil en cuir beige, j'avais inséré le cd dans le lecteur et j'avais commencé à inspirer. J'avais expiré. Bon, il ne se passait rien. J'ouvrais les yeux et sur le cadran digital, il y avait écrit, *no disc*. Mais si, bordel, y a disque, j'avais dit, toute seule assise dans le confortable fauteuil en cuir beige de ma *Saab*. J'avais sorti, réinséré, relu *no disc*, avais beuglé. Avais dit que c'était de la merde son cd à ce con de Christophe André. Et son bouquin, je n'étais jamais parvenue à le lire. J'avais essayé, plusieurs fois, pendant mes périodes méditation. Pendant ces semaines-là, je suis à fond. Je purifie mon intérieur à la sauge, je place des bougies de couleur rouge et blanche, à l'est, à l'ouest, je mets des boules à facettes dans la maison, pour réfléchir les mauvaises ondes. Je médite aussi. Elisa raconte alors à qui veut bien l'entendre que maman s'assoit par terre et qu'elle respire. Et que pendant ce temps, on peut s'asseoir et respirer avec elle, tant qu'on se tait, y a pas de problème.

Toujours est-il que Christophe André, il passait super bien à la télé.

Dimanche 29 mai.

La crise est passée par la maison. Oui. Avant, pour la fête des mères, j'étais couverte, recouverte de cadeaux. Sac à main, bijoux, fleurs. À l'école, ils ne fabriquent plus rien pour la fête des mères et des pères. Tout fout le camp. À cause de tous ces divorcés et aussi de quelques décédés, ils ont inventé un truc qui s'appelle la *Fête des gens qu'on aime*. Le concept, c'est fabriquer quelque chose et l'offrir à quelqu'un qu'on aime.

Elisa a dit qu'elle allait l'offrir à son père, qu'elle m'aimait quand même, qu'il ne fallait pas que je sois triste. Du coup, elle m'a fait un dessin. Elle a découpé des bonshommes, quatre, et elle les a scotchés pour faire comme s'ils étaient debout, comme s'ils étaient vivants. Les deux plus petits, elle m'explique que c'est Léopold et Elisa, ils sont dehors et jouent au ballon. Les deux autres, les grands, c'est papa et maman, ils boivent une chopine de bière parfaitement dessinée. La maison a trois fenêtres et des escaliers et nos deux chiens, la chatte et les deux hamsters font aussi partie du décor. J'avais dit cette année que je ne voulais rien qui s'achète, je leur avais demandé de ne pas céder à la facilité, de se creuser les méninges, d'aller cueillir des fleurs, d'écrire un poème, de laver ma voiture. Un truc, n'importe quoi, mais pas quelque chose qui s'achète. Parce que le plus beau des cadeaux n'a pas de prix. Parce que je voulais leur apprendre non pas à revenir mais à rester dans l'essentiel. Parce qu'on n'a pas de fric de toute façon. Léopold m'a écrit un poème et je me suis sentie la plus gâtée, la plus choyée, la plus aimée de toutes les mamans du monde même si j'ai pleuré de la première à la dernière ligne. Aussi à cause de son trouble TDAH avec dysorthographie, flagrante, associée.

« Bonne Fête Maman.

Maman je t'aime merci de mavoir mi au monde.

Tu a su mélever tout seul et je ne te remercirés jamais assais. A l'ages de 4 ans. Tu a rencontrés un nouveaux marie et vous avez eu ma seur Elisa. Qui a matenant 6 ans. Ont sentent iper bien même si parfois on se chamaille. Je te remerci de mavoir fait une nouvelle famille et d'étre si gentille.

Bonne Fête Maman,

Léopold. »

Il a plu toute la journée et malgré cela, j'ai attrapé sur tout le corps un incroyable coup de bonheur.

Lundi 30 mai.

PROGRAMME THÉORIQUE...

6 h 50 : réveiller Léopold et prendre le petit-déj avec lui (2 cafés pour moi).

7 h 20 : faire coucou à Léopold qui va prendre son bus.

7 h 30 : réveiller Elisa et prendre le petit-déj avec elle (2 cafés pour moi).

8 h 30 : emmener exceptionnellement Elisa à l'école. Ne pas oublier les gâteaux au chocolat, les boissons, les bonbons, les bougies (fête d'anniversaire).

9 h 00 : écrire (le *Journal*).

10 h 00 : écrire (le roman).

11 h 00 : écrire (le roman).

15 h 30 : rendez-vous avec le professeur principal de Léopold.

18 h 00 : prendre la route pour Héricy (36 kilomètres, 45 minutes, via D606).

18 h 45 : orthophoniste.

19 h 30 : prendre la route pour Chaumont (36 kilomètres, 45 minutes, via D606).

20 h 15 : doucher, manger, coucher.

VOILÀ CE QUI S'EST RÉELLEMENT PASSÉ...

6 h 50 : réveiller Léopold et prendre le petit-déj avec lui (2 cafés pour moi).

7 h 20 : faire coucou à Léopold qui va prendre son bus.

7 h 30 : réveiller Elisa et prendre le petit-déj avec elle (2 cafés pour moi).

8 h 02 : coup de fil de Léopold, au tableau, 3 profs absents, il termine à 11 h (sous-entendu, aller le chercher 11 h, sous-entendu, écriture compromise).

8 h 30 : emmener exceptionnellement Elisa à l'école. Ne pas

oublier les gâteaux au chocolat, les boissons, les bonbons, les bougies (fête d'anniversaire).

9 h 03 : allumer l'ordi, commencer à écrire avec 3 minutes de retard (jouable).

9 h 28 : coup de fil du collège, Léopold dégueule partout.

9 h 29 : aller chercher Léopold.

9 h 55 : appeler pour annuler l'orthophoniste.

10 h 00 : essayer d'écrire.

10 h 12 : se connecter à *Facebook*.

11 h 00 : abandonner et se vautrer sur le canapé, à côté de Vomito.

12 h 00 : faire cuire du riz.

13 h 00 : essayer d'écrire.

13 h 18 : abdiquer complètement, retourner sur le canapé.

15 h 30 : rendez-vous avec le professeur principal de Léopold.

16 h 15 : récupérer Elisa à l'école.

16 h30 : rentrer, préparer les goûters, allumer un feu et ne plus bouger.

17 h 54 : Jule.

Rideau.

JUIN

Ce sont les échecs bien supportés
qui donnent le droit de réussir.

JULES RENARD

Mercredi 1er juin.

On a remonté des bûches, rallumé le feu, la pluie depuis deux jours ne cesse de tomber d'un ciel grognon. En une journée ce qui est censé tomber en un mois. Les maisons sont inondées, les rus débordent, les rues aussi, les livres nagent dans les librairies et les bibliothèques, les champs sont inondés, les vignes dévastées et, par-dessus le marché, Macron, après une réévaluation de son patrimoine, va devoir lâcher deux costards pour payer son Impôt de Solidarité sur la Fortune.

C'est le premier juin, on devrait porter des bermudas, des robes légères, à fleurs, et des savates aux pieds. Au lieu de cela, on n'a pas encore rangé nos pulls d'hiver. Au lieu de cela, on a ressorti nos bottes en caoutchouc. Jule et moi, endettés jusqu'au cou, regardons le ciel en priant pour que la moisson à venir soit bonne. On ose exiger l'excellence. Le cas contraire réduirait à presque néant tous les projets que nous faisons en ce moment et dont, par choix, je ne parle pas ici. À bientôt quarante ans, on a été obligé d'emprunter du fric, et une belle somme, à nos parents. À bientôt quarante ans, on s'est posé tellement de questions, que la nuit on ne dormait plus et le jour, on manquait de se taper dessus. L'argent, le nerf de la guerre mais aussi pour l'homme, un élément du ciment qui tient le couple dans la droiture de sa place.

Jeudi 2 juin.

Je viens de coucher les gamins, enfin. Bordel, je deviens folle, cher *Journal*. Je t'assure. Sors la camisole ! Non mais ce n'est pas possible. Elisa, ma princesse, ma bouclette, Elisa dans les cabinets : « Maman, j'aime pas ta tête avec tes cheveux comme ça ! » L'intimité rend laid. Disons que l'intimité permet aux gens d'être moche. C'est certain, si j'avais rencard, pour un job ou si j'étais célibataire, pour un mec, je me présenterais à l'entretien avec une autre tronche. Je ne me maquille quasiment plus, faire semblant d'être belle me demande un effort que j'ai de plus en plus de mal à fournir. Se maquiller pour aller travailler, alors qu'à la maison j'ai le teint nature, je n'y parviens presque plus. Les hommes ne le font pas eux, se tartiner la gueule à coup de bleu, rose, beige. Pareil pour les fringues, je ne fais plus d'effort, je suis dehors ce que je suis chez moi, dedans.

Plus tard, Elisa, un doudou ou un oreiller, je ne sais plus, posé là, n'importe où : « Maman, tu peux pousser ton bras ! » Son prénom au stylo *Bic* sur le drap et des cœurs tout autour, elle demande si elle a le droit. Je dis que non. Mais enfin ! Non ! J'appelle son père, ça commence à bien faire que ce soit toujours la même qui gueule dans cette baraque. Son frère, Léopold, sort de je ne sais où : « Bonne nuit tout le monde ! » Je lui dis d'aller dans sa chambre, ce n'est pas le moment des moumoures et des papouillettes ! Il demande pourquoi, je lui montre, il rit ! Non mais il rit, cher *Journal* ! Là-dessus Jule, enfin, arrive, je lui montre. Il gronde Elisa. Ho la la ! Qu'est ce qu'il la gronde ! Léopold revient dire bonne nuit et je deviens folle, cher *Journal*, folle je te dis. À moitié en larmes, Elisa se cache sous sa couette. Alors je lui dis que je l'aime, que je l'aime comme c'est pas possible mais que bon sang de bordel à cul, quand même, on n'écrit pas sur les draps ! Elle dit d'accord et son frangin revient, avec un truc à dire.

Je deviens folle. Hop, un bisou, vous me faites tous chier ce soir, guili guili ma choupette, mais oui, je te mets la boîte à musique, mais oui je te fais des bisous, des câlins, allez, bonne nuit crapouillette ! Zou, dodo ! À demain. Bon sang, ça n'en finit pas les couchers, je craque.

Chambre de Léopold : « Allez mon cœur ! » Léopold. Douze ans le trois août deux-mille seize, à sept heures zéro trois. Dix ans d'asthme, quasiment. Dix ans que je lui demande, tous les soirs, sauf un week-end sur deux et la moitié des vacances scolaires s'il a pris ses médicaments. Dix ans qu'il répond que non et qu'il se relève pour prendre sa bouffée d'oxygène et son petit cachet à croquer. Dix ans que je suis patiente.

Cher *Journal*, ce soir c'était pareil, ses médocs, il ne les avait pas pris.

Vendredi 3 juin.

Jule m'a regardée partir en disant : « Tu sors comme ça ? » J'ai répondu : « Bah oui, pourquoi ? » Il a insisté. « Non mais tu sors vraiment comme ça ? » Je n'ai pas compris. J'avais l'impression d'être cool, détendue, normale quoi. D'être moi. C'est une fois dans la rue, mon plat de quiche enroulé dans de l'aluminium, ma bouteille à la main et mes deux enveloppes marron entre les dents que j'ai compris. J'avais oublié de mettre un soutien-gorge. J'étais en chaussons. J'avais un maillot long, mais pas assez long, qui ne cachait rien du tout du coup et on voyait le début du bas de mes fesses. En somme, on commençait à voir mon cul. Et par-dessus le marché, j'étais en leggins. On aurait dit une pute bosniaque mais j'étais obligée de sortir, je n'étais pas encore allée nourrir le chat d'Anne-Marie et vu comme c'était parti, aucune chance que je puisse le faire après l'apéro et encore moins après le dîner. J'ai donc marché jusqu'à chez elle, en n'omettant pas de m'arrêter à la boîte jaune poster un livre pour Fabienne et régler mes dettes au percepteur. Cantine, garderie et assainissement. En tout, quatre cent soixante-dix-sept euros que nous n'avions pas. Promenons-nous dans les chèques en bois pendant que le loup n'y est pas !

J'ai déposé dans le frigo la quiche, la bouteille et un sachet de salade verte du jardin, lavée essorée et j'ai écrit un petit mot pour Anne-Marie. Je suis repartie en riant parce que mon maillot était complètement remonté cette fois et je me hâtais un peu de rentrer, mon cul prenant l'air.

En rentrant, j'ai dit à Jule qu'il avait raison et je me suis ouvert une bière. Pour changer.

Samedi 4 juin.

Hier soir, on pariait avec Emilie qu'on allait faire un troisième enfant. Moi je déconnais, elle pas du tout. Elle m'a donné tous les arguments pour, m'a expliqué qu'elle est issue d'une fratrie de trois, que c'est l'image qu'elle a elle, d'une vraie fratrie. Que si l'un meurt, un autre demeure et elle n'est pas seule. Je lui ai expliqué qu'à deux, c'était aussi une fratrie, comme j'avais déjà expliqué à Léopold des années plus tôt, deux c'est déjà une famille. Et que de toute façon, si Lili meurt, je péris. On a trinqué en riant.

J'ai donc, complètement logiquement, rêvé que j'attendais un enfant. Je n'étais pas au courant, j'ai commencé à avoir mal au ventre, mais réellement mal, peut-être que dans mon lit, je me tordais de douleur. Mon ventre est devenu gros, pas énorme, juste gros, comme quand un lundi de Pâques on sort de table. J'ai touché mon vagin et j'ai senti la tête d'un marmot. C'est là que j'ai commencé à paniquer. Dans mon rêve, j'étais seule et je devais accoucher dans une pièce, toute seule. Alors j'ai poussé et l'instant d'après, un merveilleux bambin est sorti de mon vagin. Je l'ai pris dans mes bras, le cordon ombilical était relié à mon anus et à chaque fois que je tirais sur le bébé ça me faisait mal au cul. Je n'osais pas couper le cordon, je ne savais pas si c'était bien ou mal, bon ou mauvais pour l'enfant. Je n'avais pas regardé non plus si c'était une fille ou un garçon. Et puis, l'enfant dans mes bras a commencé à devenir bleu puis marron, comme mort. Je me suis mise à courir partout et je sentais le cordon entre mes jambes, je me suis demandé si c'était pas à cause de ça, je l'ai donc pincé en deux, comme un tuyau d'arrosage, en me disant que peut-être, je devais couper l'arrivée de sang, je n'en savais rien. J'ai pincé, l'enfant a repris des couleurs. c'était une fille, elle était belle comme un cœur. Des traits superbes, fins, un petit nez à croquer, des lèvres roses et bombées. Puis elle a de nouveau changé de couleur et elle est morte alors que je commençais tout juste à l'aimer.

Mardi 7 juin.

On a reçu Benoît ce soir. On a fait le point sur nos assurances. Sur ce qu'elles couvraient, ne couvraient pas, sur nos garanties obsèques, sur l'organisation de celles-là, sur ce qu'on percevrait en cas d'accident, de maladie, d'invalidité, de décès. On a parlé de tout, de drames légers et de ceux qui nous déchireraient mais auxquels il faudrait faire de toute façon face. La réalité financière. On a commencé ce soir à préparer nos retraites. J'ai, quant à moi, organisé mes obsèques. Dans dix ans tout sera payé. J'ai demandé à ce que ce soit à Lili que revienne le choix de tout. Les faire-part, la musique, les gens qui parleront et ceux qui se tairont. Je sais qu'elle serait parfaite pour ça et aussi qu'elle me détestera le jour où elle lira ces mots. Tant pis. J'ai signé. Je me suis engagée. Dans dix ans tout sera payé. Dans dix ans, je serai encore vivante. Te bile pas chaton. J'ai aussi prévu d'épargner pour ma retraite ! Le jour venu, je toucherai 20 000 euros. À mon décès, mes proches toucheront 45 000 euros, au minimum. Mes obsèques seront réglées, ils se partageront ça, au moins, je leur laisserai un peu de fric. Pas des millions mais un peu et surtout pas de dettes. Aussi, ils n'auront pas à se prendre la tête sur comment me foutre dans le trou. J'ai demandé un truc simple, une boîte recyclable. Il m'a dit que je devais voir ça avec les pompes funèbres. J'ai dit que je ferais ça plus tard. Après, Benoît a dit qu'il allait poser deux questions brutales. Je m'attendais au pire. J'ai respiré parce que, juste avant, il avait évoqué le décès d'un de mes enfants. J'ai pris sur moi pour ne pas lui coller ma main sur la gueule. J'ai respiré, j'ai dit : « Vas-y, O.K., j'suis prête. » Il a demandé : « Civil ou religieux ? » J'ai dit : « Civil. » « Inhumation ou crémation ? » J'ai un problème avec ces deux mots. Je ne sais pas pourquoi mais je les confonds toujours. Il m'a dit : « Terre ou feu ? » J'ai répondu : « Terre, terre bien sûr ! »

On a donc signé les contrats, donné les RIB. L'orage au loin a éclaté, le vent s'est levé, on a entendu un train passer, la gare est à cinq kilomètres. Jule a dit que ça allait péter. Benoît est allé aux toilettes. Il est revenu et la pluie a commencé à tomber. Des petites gouttes discrètes. Trois. Quatre. Cinq. Dix. Trente. Cinquante. On rentre. Entre-temps j'ai couché les enfants et on s'est assis dans le salon. Autour de la table ronde. Jule a couru dehors pour mettre le linge à l'abri. Le salon est grand mais on se trouvait soudain un peu à l'étroit. On a fini le rendez-vous. Il avait duré six heures. J'ai dit à Benoît que je me sentais soulagée, que ça avait été dur à un moment mais qu'à présent j'étais rassurée. Je n'allais pas mourir mais, le jour venu, tout serait prêt. Et si je m'avance jusqu'à l'âge de la retraite et que la vie me permet de vivre, de vivre bien, je toucherais un peu de pognon, et ça, c'était chouette. Aussi, je me suis sentie infiniment prévoyante et normale et saine. Et ennuyeuse. Et c'était rassurant.

J'ai embrassé Benoît, il m'a embrassée. Son baiser a fait siffler mon tympan, mais je l'avais senti tellement sincère que ça ne m'avait pas dérangée. Je vais avoir 36 ans, je viens de souscrire des assurances invalidité décès retraite.

Jeudi 9 juin.

Un type sur *Facebook*, que j'avais rencontré lors d'une soirée quelques semaines auparavant, m'a envoyé un message privé. Je ne sais plus si la demande d'amitié venait à la base de lui ou de moi. De moi je crois, par extension, par ricochets d'amitiés de gens qui étaient présents à la soirée. Il manquait un mot à son premier message, il avait écrit : « Comment va charmante écrivain ? » J'avais répondu que j'allais bien et, par politesse, j'avais retourné la question sans adjectif qualificatif. Il avait répondu en posant une autre question afin de me garder à proximité, d'entretenir le débat, de ne pas me permettre de m'éloigner. Même si je pouvais le faire, bien entendu. Je pouvais ouvrir le message et ne pas y répondre, j'en avais le droit. Au bout de quatre minutes, il a dit qu'il aimerait me revoir, qu'il avait eu un coup de cœur, qu'il pensait à moi depuis des semaines, que j'incarnais la vie et que lui, justement, il aimait la vie. J'ai dit que c'était gentil. Il a demandé si j'étais infidèle. J'ai retourné la question, il a répondu qu'il n'était pas sage. On en est resté là.

Vendredi 10 juin.

Il est revenu à la charge. Il a écrit qu'il irait, pour moi, au bout du monde.

Et il a ajouté : « Lol ! »

Samedi 11 juin.

Très tôt, je lui ai écrit. J'avais réfléchi à chaque mot, ne pas en dire trop mais en dire assez à la fois. J'ai dit que j'étais fidèle, que je l'étais parce que j'aimais mon mari et que je n'avais ni l'envie ni le désir d'aller voir ailleurs. Il a répondu qu'il comprenait, qu'il respectait, qu'il ne m'importunerait plus.

Dimanche 12 juin.

Je n'ai pas ouvert son message.

Lundi 13 juin.

LETTRE OUVERTE À MES ENFANTS.

Léopold et Elisa,

J'ai dit l'autre jour que j'aurais sûrement dû réfléchir avant de vous faire. J'ai dit que j'avais en permanence peur pour vous.

J'ai dit qu'être parent, c'est marcher à côté de son cœur, c'est le tenir par la main et sentir chacune de ses vibrations, chacun de ses frémissements. C'est avoir la main moite de toute cette peur. J'ai dit tout cela à mes parents, que je regrettais, que c'est égoïste et immature, que je vous avais donné la vie et que maintenant, j'avais peur. Tout le temps. Chaque fois que vous êtes loin de moi, j'ai peur. Comme si le monde était un danger permanent.

Et c'est vrai. Le monde est un danger permanent.

Mais c'est faux. Je ne vous regrette pas. Pas un seul instant.

Mes enfants, je veux que vous sachiez que vous pourrez être tout ce que vous avez envie d'être. Garagiste. Avocat. Prof. Boulanger. Fonctionnaire.

Vous pourrez épouser un noir, un jaune, un blanc, un gris, un homme, une femme.

Vous pourrez être heureux avec qui vous voudrez bien l'être, avec qui vous donnera l'amour que vous méritez. À la condition unique que, quand vous viendrez manger un morceau de tarte à la fraise le dimanche près de vos vieux parents, ces deux-là voient dans vos yeux, sans avoir besoin de le leur dire, que vous êtes heureux.

Votre vie vous regarde et ne me regardera jamais. Au même point qu'elle ne regarde personne d'autre que vous. Au même point que la mienne ne regarde que moi. On n'a de compte à rendre qu'à soi-même. Vous comprenez ?

Léopold et Elisa, je m'efforcerai chaque jour de vous apprendre les valeurs qui sont les miennes et qui sont justes.

Que nous sommes libres, libres d'être ce que l'on a envie ou besoin d'être.

Que ce que font les autres ne nous regarde pas.

Que l'on peut aimer qui l'on veut.

Que le plus important, c'est de garder en permanence un regard bienveillant sur les autres.

Et le jour où, à votre tour, vous serez devenus assez égoïstes et immatures pour faire des enfants, aimez-les, de toutes vos forces, ne leur cherchez pas de défauts, le monde est rempli de salauds qui les trouveront à votre place.

Aimez-les.

Fort, trop fort, et dites-le leur, le monde est rempli d'enfants à qui on n'a pas assez dit « je t'aime ».

Je vous aime,

Maman.

Après l'avoir postée sur *Facebook*, Raphaël Fayolle a posé un commentaire disant que c'était tarte et ça m'a blessée. Pas qu'il trouve cela tarte, c'est son droit, mais qu'il ose l'écrire, là, en public alors qu'il ne me parle jamais. Pour cela, je conchie *Facebook* et j'emmerde Raphaël Fayolle. J'avais voulu le traiter de connard mais c'était une publication publique et j'évite, en principe, de faire ce genre de choses. Je trouve que c'est important de continuer à respecter ceux qui vous offensent.

Mardi 14 juin.

On a regardé les informations ce soir. Vingt minutes sur les djihadistes, le terrorisme. Vingt autres minutes sur les manifs, les débordements des manifs, les vitres de l'Hôpital Necker Enfants Malades et les connards de la République. Quarante minutes de douleur, de souffrance, d'angoisse. Mes quarante minutes de stupéfaction quotidienne, d'horreur quotidienne, de peur quotidienne, de doutes et de regrets.

Je n'ai rien d'autre à te dire ce soir, je t'éteins, cher *Journal*, comme je vais éteindre la télévision et fermer les yeux. Et attendre la nuit des journées les plus longues.

Jeudi 16 juin.
(16.6.16, le diable se niche dans les détails)

Cher *Journal*,

Je n'ai pas arrêté d'y penser, cher *Journal*, de reprendre à temps plein et ce que tout cela implique. Plus de temps pour rien, pour les enfants, Léopold et Elisa, plus de temps pour écrire, pour la maison, pour le jardin qu'on a commencé et qui pousse bien. Plus de fric. Seul point positif dans la colonne +, le pognon. Quand je dois prendre une décision, je fais cela. Deux colonnes, une +, une – et vas-y que je te liste les points forts, les points faibles. Là, à part le fric, je ne vois rien d'autre. J'ai passé la journée à ruminer ça. À me demander quoi faire. Pourquoi pas un compromis. Un 30 heures. Bref, rien que d'y penser, ça me fait chier. Surtout qu'en ce moment, je suis dans le roman et le *Journal*. Et j'y suis plutôt bien.

Cher *Journal*, je suis toujours en plein dedans. En plein dedans la colère. En plein dedans la tristesse. Reprendre à temps complet, je vais devoir le faire. Je suis triste parce que je n'aurai bientôt plus le temps d'écrire, plus le temps de t'écrire. Et j'ai l'impression que j'avais encore tellement de choses à dire. Mais je crois aussi que ma famille doit passer avant cela. Avant l'écriture. Avant le potager. Avant tout. Avant moi.

Vendredi 17 juin.

Dans tes bras, mon amour, je me suis mise à penser à ta disparition. Je ne sais pas pourquoi, ce soir c'est à ta mort que je pense. Mon oreille sur ton torse, mon amour, je pense à ta mort et mon cœur se met à battre trop fort pour moi alors que c'est le tien, de cœur, que j'écoute, concentrée. Mais les deux battent à l'unisson, trop fort pour moi, au point de presque en suffoquer. Je me demande si j'aurai le courage de poursuivre ce qu'à deux nous avons commencé. Je me demande si j'aurai la force de cela, me relever et continuer, sans toi, la vie que nous avons entreprise. J'ai peur de me retrouver seule, sans toi, seule. Seule pour toujours.

Mardi 21 juin.

Je comprends les gens qui braquent des banques, font pousser de l'herbe, sucent des bites dans des *J9*, vendent du shit. Ceux qui patientent dans les files d'attente en essayant de soupirer le moins possible, pour qu'on les remarque le moins possible et qui, une fois leur tour venu s'avachissent sur le comptoir et chialent et perdent toute dignité, supplient puis implorent qu'on les aide et ressortent la gueule bouffie de honte et de doute et aussi parfois de beaucoup de regrets. Qu'en peuvent plus d'imaginer les yeux du banquier sur leur dos qui, va vite, fait passer à autre chose ou à quelqu'un d'autre, qui va, vite fait, les oublier. Je les comprends aussi ceux qui se jettent sous des trains ou du haut des buildings en se disant que voilà au moins une bonne chose de faite, je les comprends grave ceux-là aussi, ainsi que ceux qui prêtent leur corps à la science et testent pour trois fois rien des médocs juste pour mettre quelque chose dans le frigo, juste pour que leurs gosses remarquent rien. Ou presque rien. Et tous ceux qui cherchent des solutions, qui bossent comme des chiens, qui se tuent à la tâche et ceux qui ne dorment plus sur leurs matelas tout vides, qui pensent qu'à ça, même quand ils baisent ils pensent qu'à ça, tout le temps. Au fric. Et ceux qui haïssent les riches et voudraient les voir pendouiller au bout de la corde de leur foutu parachute doré, que ça parte en torche, qu'ils s'étranglent et que leurs lèvres bleues fassent comme un début d'arc-en-ciel.

Ce serait vachement beau, un arc-en-ciel aux pieds des riches et des ministres. Des ministres et des préfets. Des préfets et même du Président de la République. Aux pieds de tout ceux-là, là ! Qui appuient sur leurs ventres comme on écrase une valise avant de partir ou pour rentrer de vacances. Eux ne partent plus depuis déjà bien longtemps. Ils voudraient bien pourtant. Mais ils peuvent plus. Ils serrent juste la ceinture un peu plus fort chaque année et bientôt ils vont suffoquer. Ils savent même plus ce que ça fait de partir, même pas loin, même à cinquante bornes, non, ça non plus ils savent plus ce que ça fait de préparer les casse-croûtes et de tracer la route et d'entendre le vrombissement des autres autos calés au fond des sièges, comme quand ils avaient dix ans et que leurs parents dormaient un peu sur les aires de l'autoroute. Ils ne savent plus et leurs gamins ne savent pas non plus le bruit des moteurs des autres voitures et l'odeur du saucisson sur la banquette arrière et les paquets de chips qu'on éclate en se marrant. Tout ce qu'ils savent eux des vacances, c'est les cartes postales qu'ils reçoivent et celles qu'ils n'enverront jamais.

Jeudi 23 juin.

Le petit vieux de devant le cimetière est revenu mais il n'a dans ses bras plus de lilas. Il a cueilli pour sa vieille un énorme bouquet de roses, il ne les a pas achetées, ça se voit. Il y en a, je ne sais pas, facilement quarante et encore, je ne parviens pas à compter celles restées dans son autre main. Il attend encore une fois que les portes du cimetière s'ouvrent. Il attend comme l'autre fois le dos au mur, devant lui les champs de colza, et le bouquet dans les bras. Il attend. Ce doit être long d'attendre quelqu'un qui est mort, elles doivent être longues l'attente et la vie après la mort de l'être aimé. Je ne suis pas impatiente de savoir les heures interminables à attendre à mon tour que la mort vienne me cueillir comme un bouquet de lilas. Non, vraiment pas impatiente de cela. Heureusement que je ne m'arrête pas, que le cimetière se trouve juste après le rond-point et que rapidement, je passe devant. Mamie y est, elle s'appelait Reine, j'ai toujours trouvé que c'est un prénom bien surprenant. Elle y est avec Papy que je n'ai jamais connu, il s'est pendu, papa avait douze ans et c'est lui qui est tombé dessus. Après, il est devenu soutien de famille, c'est pour cette raison qu'il n'a pas fait son service militaire, ça l'arrangeait bien, il aimait déjà maman et n'avait pas franchement envie de partir neuf ou dix mois à l'autre bout de la France jouer les troufions pour la nation. Et puis, surtout, son excuse était en béton ! Maintenant et depuis un moment, ses deux parents vivent au cimetière avec un de ses frères, avec un de leur fils donc, et moi je passe devant presque tous les matins mais je ne m'arrête pas. Je ne m'arrête jamais. Je préfère descendre au sous-sol et aller la voir là-bas. J'ai posé sur une étagère une petite photo d'elle, avec mon fils, mon Léopold, bébé, dans ses bras, et parfois, je descends l'embrasser, ma Mamie, ma Reine. Ma Mamie Reine.

Vendredi 24 juin.

Ça n'a pas suffi. Ni les comptes vidés, ni les objets vendus, ni le fric emprunté. Rien de tout cela n'a suffi. Alors j'ai décidé que j'allais reprendre à temps plein, dès le 12 septembre, après l'été, juste après mes vacances, juste après le repos. Cinq jours sur sept, trente-cinq heures. Voilà. C'est décidé. Je ne suis plus triste. Je suis décidée. Résignée. Déterminée. Même plus déçue, non. Même plus abattue, non. Même plus infiniment triste comme j'avais passé la semaine précédente à l'écrire à Lili, non. Je ne pense plus non plus à ceux qui ont la chance de ne pas travailler, la chance d'écrire la nuit et de se reposer le jour. Ou l'inverse. Non. Je ne pense plus à eux non plus. Non. Je pense à moi, à ma vie, au choix que j'ai fait de fonder une famille et au sacrifice qu'il faut faire pour élever mes enfants. Ce sacrifice qu'il ne faut attendre de personne d'autre que de moi. Je n'ai à en vouloir à personne, ni à être triste en réalité. Inquiète peut-être un peu et encore, pas tant que ça.

Une collègue m'a dit, sourire aux lèvres, que j'allais, je cite, en chier. J'ai répondu, le même sourire, que oui, je le savais. Ce qui me terrifie, ça je ne lui ai pas dit, elle n'aurait pas compris, ce n'est pas d'en chier, ce serait de ne plus trouver le temps d'écrire. Ce serait pour moi comme si je ne trouvais plus le temps de vivre. Je me console en me disant que la littérature attendra si elle doit attendre. Je me console en me persuadant qu'elle n'est plus une priorité aujourd'hui. Qu'elle ne l'a d'ailleurs jamais été. Je me console en me disant que les humains valent plus que les mots, mes humains à moi en tout cas. Je me console de mille et une façons et parfois, de temps en temps, ça marche un peu. Je me sens consolée, oui, de ce choix que je n'avais finalement pas tellement à faire.

Lundi 27 juin.

Nous avons passé le week-end en famille. Fait rare. Pas d'être en famille mais de passer un week-end complet et entier avec du monde à la maison. Nous étions dix, dont six enfants de douze ans à huit mois et quatre adultes totalement différents. Nous nous connaissions à peine, sauf Jule et son cousin et tout naturellement, je m'étais angoissée, pour rien. Marie Caroline m'a expliqué qu'elle était pupille de la nation et qu'elle s'appelait Marie Caroline parce que sa mère s'appelait Caroline née Marie, c'est tout ce qu'elle sait d'elle et aussi qu'elle est morte.

J'ai écouté Marie, pas comme j'ai l'habitude de le faire, pas en me disant que son histoire pourrait être un matériau à écrire. Non. Je l'ai écoutée sans prendre de notes dans ma tête et même si j'écris aujourd'hui sur elle, ce n'est pas comme je le fais souvent. Marie m'a touchée, profondément marquée aussi. Je n'en dirai pas d'avantage sur elle. Je voudrais juste que parfois les gens parviennent à s'arrêter sur la vie de certains autres et qu'au-delà d'entendre, ils arrivent à écouter et comprennent que parfois leurs plaintes frôlent l'indécence. En disant cela, je ne dis pas que son malheur m'est utile pour apprécier mon bonheur, je ne dis absolument pas cela. Je dis qu'en chaque vie, il y a l'espoir de quelque chose, même quand, au départ, tout semble franchement très mal barré. Je dis que parfois certains, certaines, devraient lever les yeux de leur gros nombril et observer, écouter, faire comme on parle à un enfant, se mettre à niveau de.

Pas à niveau intellectuel, non.

À niveau humain.

Mardi 28 juin.

Marlène Tissot recommande la lecture de mon roman, *La folie que c'est d'écrire*, après qu'une gourde a écrit un article sur son blog où elle n'irait pas, je cite, « recommander vivement cette lecture : juste la conseiller à un moment où l'on n'a pas grand-chose à se mettre sous les yeux. »

Sur le coup, flattée qu'enfin on s'intéresse un tant soit peu à moi, j'ai suggéré à la gourde en question de toujours garder en tête cette si belle et si juste citation de Maurice Nadeau, que je recommande aussi à tous ceux qui souhaitent se frotter à la critique en général : « L'oeuvre vaut toujours plus que le bien, ou le mal, qu'on dira d'elle. »

Jeudi 30 juin.

Le dernier jour du mois. Le dernier et le pire de tous. Une bonne et franche journée de merde à marquer, classer, dans les annales. Pour couronner le tout, et il fut un temps où je m'en serais réjouie, je suis totalement seule ce soir à la maison et j'écris, du coup.

En prenant ma douche ce matin, j'ai craché du sang. Il ne venait pas de l'intérieur de mon corps, non, je ne le faisais pas remonter d'aussi profondément. Il provenait de ma bouche. De mes joues. Du moins c'est ce qu'il me semblait. Au bout de quelques minutes, ça s'est arrêté alors j'ai bu mes cafés, après être sortie de ma douche, j'ai embrassé Jule qui partait pêcher deux jours. J'ai pleuré dans ses bras en lui disant que je me sentais déjà perdue sans lui. Il m'a dit : « Alex, je rentre demain soir. » Il a ri. J'ai continué à pleurer un petit peu et puis je me suis arrêtée. J'ai fait coucou à Jule en pestant un peu sur le perron de la porte. Elisa était partie en bus depuis trente minutes, je devais déposer Léopold chez ma mère et enchaîner sur ma journée de travail.

On avait prévu, les enfants et moi, de passer la soirée tous les trois, j'aurais fait un truc à manger qui leur plaît, un carpaccio, des morceaux de parmesan, des énormes cornichons à la russe, des tranches de mozzarella. J'aurais dit à Elisa qu'elle pouvait dormir avec moi, à Léopold qu'il pouvait regarder le match de foot s'il promettait de se coucher juste après. Je n'aurais pas trop bu pour assurer comme une bête de maman.

Mais ce soir, je suis seule. Alors j'ai ouvert une bière devant *Confessions Intimes*, mangé trois bâtonnets de surimi, deux tranches de mozzarella, il est 21 h 47, je suis à bout devant le petit désespoir des autres, devant leur honte en 16/9. C'est l'autofiction de la télé-réalité. Je me suis roulé un joint, je l'ai fumé sans lâcher l'écran des yeux et j'ai même rigolé. Léopold a préféré dormir chez mes parents, il y a là-bas sa cousine Enola. Ces deux-là, ils sont si beaux, c'est tellement touchant de les voir devenir des ados, des adultes. Ils grandissent ensemble, avec leurs petites sœurs respectives qui évoluent elles-mêmes avec les grands. C'est chouette d'être témoin de leurs premières et précieuses émotions. Leurs premiers élans de confiance aussi, parce qu'il faut les voir refuser de balancer l'autre, parce que nan, ça se fait pas, sérieux ! Alors les deux grands sont restés ensemble ce soir et la petite a préféré découcher chez les parents de Jule. Elle s'inquiétait, elle a dit être embêtée de me savoir seule. J'ai dit de ne pas penser à moi, de se faire plaisir elle. De pas s'inquiéter pour maman. Même si maman est en train de faire une réaction indésirable à un traitement et qu'elle a la bouche en sang. J'ai appelé Jule pour le lui dire, il était super emmerdé d'être loin de moi. J'ai dit que ce n'était rien, que je n'allais sûrement pas en crever.

En écrivant cela, je me dis que ce serait assez improbable que là, précisément, je décède.

Ange m'a appelé, il m'a dit d'écrire ce soir, de raconter ma fabuleuse journée de merde et de l'oublier, de passer aux suivantes, il m'a dit que ces journées-là n'existent que pour apprécier à leur plus juste valeur celles qui se déroulent dans la joie, la sérénité et le bonheur. Et je sais qu'il y en a. Il ne s'est rien passé de dramatique, rien qui vaille la douleur que j'ai éprouvée toute la journée. Mais certains jours le souffle du vent ne se contente pas de caresser une épaule, parfois on pourrait croire qu'il se couvre de lame de verre et alors chaque vibration, chaque respiration se fait intenable. On n'a alors qu'une envie, celle que la nuit vienne vite.

J'ai l'impression d'être en train de faire mes adieux à la littérature et à la vie, aussi.

Demain, le 1er juillet.

JUILLET

Trouve en toi l'endroit où est la joie.
Et la joie vaincra la douleur.

JOSEPH CAMPBELL

Vendredi 1er juillet.

J'ai rêvé cette nuit que je faisais un œdème de Quincke, je regardais mes mains, elles étaient incroyablement boursouflées et rougeâtres et douloureuses. Une alliance qui n'était pas la mienne sciait mon doigt en deux et mes pouces étaient ridiculement minuscules. Mon corps tout entier était gonflé et mon visage exagérément bouffi. Je m'approchais d'un miroir et sous la peau, je n'arrivais pas à me reconnaître. Mes joues étaient énormes et chaudes et rouges comme si un essaim d'abeilles avait fait une partouze de mon visage. Je sortais de la maison puisqu'il fallait sortir et aller faire les courses. À la caisse, une vieille toute ridée me grillait la place alors je m'approchais d'elle, j'approchais mon visage rouge et énorme près de son visage à elle, son visage ridé, gris, émacié et je lui demandais en hurlant si elle ne voyait pas que je souffrais, si elle ne voyait pas que je faisais un œdème de Quincke, si elle ne voyait pas qu'elle n'avait pas le droit de me passer devant, sous prétexte de sa vieillesse. Je lui hurlais au nez et de la salive sortait de ma bouche. Après ça, Jule avait pris mon bras, m'avait demandé de me calmer et je m'étais réveillée.

La première chose que j'ai faite en ouvrant les yeux, ça a été de regarder mes mains, de les reconnaître et de me dire que mes nuits devenaient aussi étranges que mes jours.

Lundi 11 juillet.

Dix jours sans écrire, sans même y penser, dix jours de renoncement, d'acceptation de fait, dix jours passés si vite. Dix jours à se contenter des mots, du son des mots, à leur permettre d'entrer dans ma tête, dix jours sans effort, même pas prendre la peine de les noter, dix jours à leur rendre leur liberté. Dix jours de désintérêt total. Dix jours et pas une larme. En tout cas, pas à cause de cela. Dix jours aussi, dont trois nuits de cauchemars et de palpitations, sans boire une goutte de vodka. Dix jours de tri sélectif d'humains. Dix jours à se dire qu'on devrait eux aussi les classer dans des poubelles jaunes, dans des poubelles noires. Dix jours à se demander le sens de la vie sans trouver de réponse ni décente ni potable. Dix jours de dégoûts. Dix jours de lassitude. Dix jours de passivité totale. Dix jours de tristesse et de désillusion. Dix jours à écrire des statuts *Facebook* sans jamais les poster. En voici un, le reste est parti à la poubelle, la noire, non recyclable.

« Je ne crache pas dans la soupe, *Facebook*, mais toi et moi, c'est du passé. Je l'ai dit cent fois, je sais, mais cette fois c'est la vérité vraie. Ton impudeur exacerbée me fatigue *Facebook*. Tes courses aux pouces me fatiguent, tes autoportraits, tes culs-de-poule, tes brimades, ta haine et même tes petits chatons et bientôt tes départs en vacances et tes pieds sur le sable me fatiguent. Tes statuts se croient érigés en place publique mais c'est faux et tu es le vice, *Facebook*, et le monde se portait mieux avant toi et je me portais mieux avant toi. J'ai voulu te quitter cent fois et à chaque fois je suis revenue. Pour les amis. Pour les livres. Pour me sentir en contact avec la vie. Pour me tenir informée. Pour un tas de fausses raisons. La seule qui tenait la route, c'était que je voulais me faire un nom au milieu de toi, qu'on me lise et qu'on m'aime. Ou l'inverse. Mais tout cela aujourd'hui n'a plus aucune importance parce que moi, aujourd'hui, je ne t'aime plus, *Facebook*. Mieux, je te conchie. Je t'ai nourri comme on allaite un enfant, de mon corps sont sortis des chansons, des morceaux de romans, des minis, des nouvelles, mon intime, et tu as tout pris *Facebook*, tout, sans rendre la monnaie de ma pièce. Pire, par deux fois tu m'as censurée. Je ne regrette rien, je ne regrette jamais rien. Ces moments m'ont gavée bien sûr, comme une oie, c'est vrai et ce qui en ressort est aussi amer que les nervures d'un foie gras. *Facebook*, il y a ici à présent trop de monde pour moi et j'ai horreur de la foule, tu ne le sais pas ça, toi, depuis le temps qu'on se fréquente ? Alors *Facebook*, je te quitte. C'était bien mais c'est fini. Tu ne verras plus mes enfants grandir, je ne verrai plus les tiens non plus. Je vais me sentir seule peut-être un peu au début mais je sais aussi que l'on se sent toujours seule, où que l'on soit et où que l'on aille et que de toi comme du monde en général, il ne faut rien attendre, sous peine d'être extrêmement et triste et déçue. Je vais te dire une chose, le problème *Facebook*, avec la liberté d'expression, c'est qu'on laisse tout de même la parole à beaucoup trop de cons. »

Dix jours de disparition et un seul contact en privé, Claire à Alex : « J'espère que tu vas bien, Alex ? »

Je n'ai pas répondu. Je ne savais pas si j'allais bien, ou pas.

Mardi 12 juillet.

Léopold est parti depuis vendredi. À vingt heures pile, son père était devant, faisait sonner mon téléphone, nous demandait de descendre. Vingt minutes avant, l'enfant s'était approché de moi, s'était glissé dans mes bras, m'avait demandé de lui promettre quelque chose et moi je n'avais rien vu venir. J'avais demandé : « Promettre quoi ? » Il avait répondu de ne pas pleurer. Je m'étais, fatalement, mise à pleurer. Pas de son absence, non, pas encore, d'ailleurs cela même je ne le pourrais pas, mais de sa bienveillance, de sa protection, de sa maturité, de sa sensibilité, de tout ce qui fait que mon petit est déjà un homme. Je m'étais glissée à mon tour dans ses bras, presque aussi grands que les miens, dans son cou, presque aussi large que le mien et je l'avais embrassé et j'avais cherché à ravaler mes larmes. Il avait demandé encore de promettre puisque je ne l'avais pas encore fait. J'avais dit : « Juste ce soir ou pour les trois semaines ? » Il avait répondu : « Tout le temps de mon absence. » Il avait expliqué. Il ne voulait pas me savoir triste. Il ne voulait pas me savoir mal, malheureuse, il ne voulait pas avoir à penser à cela. Alors j'avais promis. Oui. Pour lui, j'avais promis. Puisque m'épargner, c'était l'épargner, alors oui, je promettais de ne pas pleurer.

On était descendu, tous les trois, Léopold, Elisa et moi. Elisa avait les yeux au bord des larmes. Elisa était prête à flancher mais elle pouvait elle, elle n'avait rien promis. On avait pris un peu le temps de parler avec son père. Surtout pas d'*Ibuprofène*, n'oublie pas la crème solaire, amusez-vous bien. Léopold m'avait souhaité de bonnes vacances et j'avais ri. Puis, avec Elisa, sa main et la mienne, nous avions formé un cœur, ses petits doigts fins et les miens un peu plus longs, réunis en accroche amoureuse dédiée à l'être aimé qui s'en va. Nos mains jointes jusqu'au bout de la rue, en forme de cœur. La voiture avait disparu, j'avais promis, pas Elisa alors elle s'était écroulée, en larmes, dans mes bras. J'avais promis. On était remonté à la maison, elle pleurait toujours, moi j'avais promis. Je l'ai laissée un petit peu faire, elle en avait besoin, moi j'avais promis. Au bout d'un moment, je lui ai expliqué que de la voir comme ça, j'allais avoir du mal à tenir ma promesse. Je lui ai dit qu'on devait être fortes, que tenir sa promesse, c'est respecter celui à qui on la donne. Et moi, j'avais promis.

Vendredi 15 juillet.

JE N'ALLUMERAI PAS *BFM TV*.

J'ai fait le choix, délibéré, de ne pas allumer la télé hier soir, en rentrant d'une soirée très agréable et pas trop arrosée. J'ai fait ce choix pour d'abord me protéger et aussi parce que j'étais fatiguée et que je devais absolument dormir. Il était une heure du matin, nous nous disions au revoir, François avait regardé son téléphone, la dernière fois c'était pareil, sauf qu'on ne se disait pas au revoir, sauf que c'était Lili et pas François qui avait regardé son téléphone, c'était la nuit du 13 novembre. On avait directement allumé les informations et les scènes macabres, funèbres, les cris, les larmes avaient envahi la maison. Hier soir, François a dit : « Attentat à Nice, au moins 60 morts. » Je me souviens, je parlais à Anne-Marie, je me souviens, j'ai arrêté de parler, j'ai pensé à Léopold qui est vacances quelque part mais je ne sais pas où, son père ne me dit rien. Mais je me suis souvenue, il avait parlé d'une montagne, Nice ce n'est pas la montagne. J'ai pensé à Elisa aussi, en sécurité à Beaugency dans le camping-car avec mes parents. Et Lili, à Annecy. Et puis j'ai dit : « Putain, ça recommence. » Une fois la pensée des miens à l'abri, j'ai dit : « Putain, ça recommence. » On a fini de se dire au revoir, on a ri, on ne s'est pas attardé sur la nouvelle. Sur la route, avec Jule, on a fumé une clope, on a fait à pieds les 200 mètres qui séparent la maison de nos amis de la nôtre. On a ouvert la porte de la maison et puis on l'a refermée, j'ai embrassé Jule, je lui ai dit que j'allais me coucher.

Je n'ai pas allumé la télé.

Je n'ai pas allumé *BFM TV*.

Je suis allée me coucher et j'ai dormi.

Au réveil, ce matin, j'ai fait couler, comme d'habitude, un café et j'ai, comme d'habitude, allumé *Facebook* pour relever mes éventuels messages. Je n'en avais pas. J'ai fait défiler le fil d'actualités, j'ai commencé à lire, comme d'habitude, le hashtag *Pray for Nice*. Comme d'habitude, des contacts s'identifiant comme étant en sécurité. Comme d'habitude, des contacts inquiets pour leurs proches. J'ai ressenti, le temps d'un instant relativement court, je ne sais pas, peut-être quinze à vingt secondes, une énorme onde de honte. De honte, pas de choc, de honte. Je n'avais pas allumé la télé, j'avais choisi délibérément de me protéger. Je ne savais pas pourquoi, d'habitude, moi, je me rue sur *BFM TV*. Mais cette fois, non. Cette fois je n'ai pas pu. La vérité c'est que ça ne changera rien aux actes terroristes que je regarde ou pas les informations. La vérité, c'est que ça ne changera rien que je regarde les atrocités commises par des monstres sanguinaires à la télévision. Alors, contrairement à mes habitudes, j'ai enfoncé ma tête dans un gros tas de sable et j'ai bu, comme tous les matins, mon café. Sur *Facebook*, des dessins circulaient déjà, la promenade des Anglais, bleu blanc rouge sang. J'ai éteint mon ordinateur et à 7 h 30 je suis partie travailler sans avoir allumé la télé.

Sur la route, je n'ai pas allumé la radio, j'ai mis un CD de Julien Doré et je me suis mise à chanter. Sur la route, j'ai croisé à hauteur du cimetière le vieux monsieur aux bouquets de lilas ou de roses, selon les saisons. Je suis arrivée un petit peu en avance, contrairement à mes habitudes. Corinne avait l'air fatiguée, je lui ai demandé si ça allait, elle a dit non, je lui ai demandé pourquoi, elle m'a dit que je n'avais pas dû regarder les informations. J'ai dit non. J'ai dit non, volontairement. Elle a demandé si je savais, j'ai répondu que oui, mais que volontairement, je n'avais ni regardé les informations ni écouté les informations. J'ai dit que pour l'instant, je faisais l'autruche. J'ai ajouté que ça ne changerait rien aux faits, que je regarde ou pas les informations. J'ai demandé : « Vrai ou pas ? » Elle a dit que oui, c'était vrai. Mais personne n'allait bien aujourd'hui et même si je ne voulais rien savoir, tout le monde ne parlait que de cela. J'ai remis ma tête dans le sable avec le disque de Julien Doré et j'ai continué à chanter en silence, dans ma tête, dans le sable. J'ai pensé à Elisa qui a dû, avec mes parents, regarder ou écouter les informations. Je ne sais pas ce qu'ils vont lui dire, ce qu'ils lui ont dit, à ma fille qui m'a dit l'autre jour que je lui avais menti, que c'était la guerre et que j'avais promis qu'ici ça n'arriverait jamais. Et pourtant si, pourtant c'est bien la guerre. Ce n'est pas une *guerrounette*, non, c'est une guerre, une vraie.

Sans les tranchées.

Sans les éclats d'obus dans les murs de nos maisons.

Sans le bruit des bombes qui explosent au-dessus de nos têtes.

Sans les morceaux de jambes en charpies de nos enfants.

Sans les approvisionnements de nourriture dans les caves et les placards.

Sans les papas mitraillés contre les murs des écoles.

Sans les rangées de déportés montant dans des trains sous une chaleur caniculaire.

Sans les nuits passées empilés les uns sur les autres sous un froid glacial.

Ce n'est pas la guerre comme on l'a appris dans les manuels de l'école mais c'est une guerre quand même.

Avec ses morts.
Avec ses civils, morts.
Avec ses soldats, morts.
Avec ses victimes, mortes.
Avec les angoisses, avec les peurs.
Avec les combats, avec les blessures, avec les séquelles, avec les trépas.
Une guerre.
Une saloperie de guerre et nos enfants au milieu d'un bain de sang.

Samedi 16 juillet.

LES POÈMES, C'EST PRATIQUE QUAND ON NE SAIT PAS QUOI OFFRIR À CELUI QU'ON AIME...

Je ne veux pas partir loin, là où tu n'es pas, aller jusqu'à la mer et contempler sans toi l'horizon calme et bleu.

Je ne veux pas m'asseoir sur le sable chaud en égrainant le sable sur lequel tu n'es pas allongé et regarder les vagues qui sont les mêmes partout.

Je ne veux pas m'assoupir sans toi, sans tenir ta main, sans sentir ta peau et son odeur de soufre.

Je ne veux pas tremper mon corps presque nu dans une eau turquoise et chaude et nager loin d'une berge d'où tu ne me regardes pas.

Je ne veux pas qu'entre mes seins coule la sueur que ta main n'essuiera pas, que ta langue ne léchera pas.

Je ne veux pas m'endormir loin de toi, espérer rêver de toi, nos corps enlacés, toi dans moi et *vice versa*.

Je veux être près de toi, même si là où tu es, il pleut chaque jour,

Même si là où tu es, la seule mer que l'on voit c'est la tienne,

Même si là où tu es, le ciel est gris et le vent balaie les feuilles mortes et fait plier les arbres grands et fins,

Même si là où tu es, il n'y a rien à faire d'autre que t'aimer un peu plus chaque jour.

Moi ça me suffit.

Tant que là où tu es moi j'y suis aussi.

P-S. Bon anniversaire mon amour.

Mardi 19 juillet.

Je me suis réveillée avec le souvenir de toi, de ton passage dans la nuit près de moi, mais je n'en sais pas plus. Je ne me souviens pas. J'y ai pensé sur la route, à hauteur du cimetière, ton souvenir, Mon Ange, m'est revenu. Le petit vieux n'a depuis plusieurs jours plus de fleurs dans les bras. Il vient avec une grosse éponge marron, de celle que j'utilise pour laver ma voiture ou lessiver mes murs. J'imagine qu'il nettoie le marbre de sa femme. Comme il a dû l'aimer si fort de son vivant pour venir la chérir encore chaque jour de sa mort.

Mon dos est tendu et me fait mal. J'ai pourtant bien dormi Mon Ange, enfin je crois, c'est compliqué la vie depuis la semaine dernière.

Depuis des mois, en fait.

Depuis *Charlie*, pour être honnête. Avant je n'avais pas peur.

Moins peur qu'aujourd'hui en tout cas.

J'ai des angoisses estivales, tous les ans c'est pareil. Léopold est parti depuis une dizaine de jours. Depuis une dizaine de jours, je n'ai pas entendu le son de sa voix rauque. Elle me manque, sa voix rauque. Comme son être tout entier. Vivre est difficile. Trouver de la sérénité au milieu des atrocités du monde est compliqué. Surtout pour moi, l'été. Je pense au pire.

Léopold n'est finalement pas dans les montagnes. Il est à Grasse, en hôtel-club. Je trouve ça chouette, qu'il soit en vacances, c'est toujours ça de pris pour lui. Mais ici, j'ai mal. Il y a quelques jours, le 5 juillet, cela faisait 10 ans que le divorce avec son père avait été prononcé. Dix ans. Je m'en souviens comme si c'était hier. Dix ans pourtant. J'ai toujours mal à chacun de ses départs. Moins. Mais toujours. Lili m'a dit que je devrais me faire soigner et Jule que je devais apprendre à le laisser vivre sa vie de petit bonhomme. Qu'il doit faire ses armes. Que je ne lui rends pas service. J'ai dit que je savais. Mais j'ai dit aussi que j'avais peur. Peur quand il se balade à vélo avec ses copains. Peur quand il est au collège, en salle de classe, dans un magasin. Peur tout le temps. C'est insupportable. C'est comme si une petite souris à l'intérieur de ma cage thoracique grignotait mon cœur par petits morceaux et les recrachait dans mon estomac, tout mâchouillés, tout dégueulasses. Je ne sais pas comment font les autres mères. Si elles parviennent à se raisonner un jour et à dompter la petite souris. Ou si toujours elles se foutent la rate au court-bouillon. Je n'ose même pas imaginer le jour où Elisa va avoir et l'âge et l'envie d'aller voir dehors comment ça se passe. J'ai trouvé des subterfuges. On a une maison vraiment agréable, une grande piscine, les copains sont toujours les bienvenus, et à manger et à dormir et à jouer. Mais je le sais, un jour je vais me prendre la manette de la *PlayStation* dans les dents et le camping-car de *Barbie* aussi. Ça va me faire très mal mais je l'aurai bien cherché faut dire. Un jour, le nid douillet que je leur confectionne ne comblera plus mes petits poussins. J'aurai beau ramener des plumes et de la paille fraîche et prémâcher leurs aliments, il faudra bien que j'apprenne à vivre avec cette béance dans le ventre et que je prenne le risque qu'un jour mes enfants, loin de moi, meurent.

Le mot est lâché.

J'écris pour cela. Parce que j'ai réussi à me convaincre que si je tuais des enfants dans mes romans ou mes nouvelles, j'exorcisais le mal. Que ce que j'écris ne peut exister que dans mes livres et que la douleur me sera épargnée dans la vraie vie. J'écris pour cela, je le sais. J'écris pour me protéger du pire. Je ne me sens jamais aussi soulagée que lorsqu'un enfant meurt sous mes doigts. Je me dis que ouf, ça y est, c'est fait. J'ai tué Pierre, il n'y a dès lors aucun risque pour que Léopold meure aussi, ce serait vraiment comble de malchance. Je sais, c'est bête. Je sais, ça ne marche pas comme cela. Mais ça me soigne un peu. Et je ne fais rien de mal. À personne. À part à moi, peut-être. Pour l'instant ça va, ça ne ressemble pas encore à de la maltraitance. Léopold aura 12 ans en août et Elisa en a eu 6. Ils ont encore l'âge de jouer aux petits poussins. Mais bientôt. Leurs ailes vont s'allonger et s'étendre si amplement que rien ni personne ne pourra, ne devra les retenir.

J'ai dit l'autre jour à une patiente, parce que je suis très douée pour jouer les mères parfaites, j'ai dit : « On ne fait pas des enfants pour soi. » Elle m'a répondu : « Et alors, pour qui d'autre ? Pour les voisins ? » J'ai souri. J'ai trouvé cela drôle. J'y ai pensé après. J'y pense encore. Non. Pas pour les voisins. Mais pas pour soi non plus. J'en suis convaincue. Être parent n'est pas un acte de propriété et nos enfants n'ont pas de dette de vie. Ça ne marche pas comme cela. Parfois sous l'amour le plus pur se cachent les sentiments les plus malsains. Il faut être attentif, très, à chaque instant. Rester vigilant. Ne pas confondre. Ne rien confondre car il y a des pardons qui n'arrivent jamais et des plaies qui ne se referment pas.

J'écris pour cela.

Pour conjurer le sort.

Pour éviter d'avoir à panser des plaies.

Jeudi 21 juillet.

LES VRAIS HÉROS PORTENT DES TEE-SHIRTS CRADOS.

Je viens d'avoir Jule au téléphone, remonté comme jamais, à m'en broyer les tripes, et pourtant il en faut, c'est un gaillard, un homme, un vrai. Certains diront que lui et moi, on est autant compatibles qu'un sèche-cheveux et une baignoire et ils auront raison, lui et moi, on fait des étincelles. Mais je l'aime et il m'aime. Et même si parfois, il me traite comme un tabouret et même si parfois, je fais mine de l'écouter, je n'imagine pas une seconde finir ma vie sans lui.

J'ai donc eu Jule au téléphone et il était remonté, remonté comme jamais. On s'est fait baiser la gueule, qu'il braillait. Notre ancien opérateur téléphonique nous prélève depuis un an et deux mois la somme rondelette de 40 euros et des poussières pour une box que l'on ne possède plus depuis un an et deux mois. Je m'en suis rendue compte parce que Jule s'est fait pirater sa *Carte Bleue*, quand ça veut pas, ça veut pas, ça s'appelle la loi de Murphy et si Murphy pouvait aller voir ailleurs si j'y suis, nous lui en serions infiniment reconnaissants. Je fouillais donc dans les relevés de banque de Jule, fouiller étant un bien grand mot, quand j'ai réalisé l'arnaque. Avec la grande patience qui me caractérise, j'ai chopé le téléphone et, ni une ni deux, j'ai pourri l'opératrice au bout du fil qui ne cessait de me dire : « Calmez-vous madame Bitouzet, respirez madame Bitouzet ! » Mais je ne me calmais pas. Cinq cents euros bordel ! Je n'arrêtais pas de le lui dire : « Cinq cents euros ! Vous vous rendez compte ? Je ne peux même pas payer une semaine de camping à mes mômes et vous, vous me volez de cin cents euros ! » C'est vrai, j'avoue, Jule ou moi aurions pu nous en rendre compte avant. Mais Jule et les papiers, c'est une histoire d'amour qui n'a jamais commencé et je ne regarde pas son compte en banque. Pour notre décharge. N'empêche, *Free* avait résilié, ils avaient dit s'occuper de tout, crédules, nous y avions cru. Quand on nous dit, je m'occupe de tout, on entend, vous n'avez rien à faire. Sauf que nous devions, si si, faire un petit courrier. Courrier que j'ai prétendu avoir fait mais honnêtement, il n'en est rien. Toujours est-il que *SFR* nous remboursera 490 euros le 26 août et croyez-moi, je vais veiller au grain.

J'ai donc appelé Jule pour le lui dire et j'ai été reçue sans ménagement. Jule est à bout. La moisson tellement attendue, le travail d'une année est catastrophique. La pluie, la pluie qui n'a cessé de tomber a eu raison de ses efforts. Alors mes 490 euros, qu'il a de toute façon payés, il s'en bat l'œil avec un tibia de langouste.

Tous les trois jours, un agriculteur se suicide.

Tous les trois jours.

Un agriculteur.

Se suicide.

D'ici à lundi, un agriculteur se sera donné la mort et ce sera peut-être mon mari.

C'est vrai, oui oui, j'entends déjà, l'histoire de la PAC. J'explique un peu, un peu pas trop. La politique agricole commune, donc PAC est une politique mise en place à l'échelle de l'Union Européenne. À l'origine, elle est fondée principalement sur des mesures de contrôle des prix et de subventionnement, visant à moderniser et développer l'agriculture. Pour faire court, l'État octroie des aides aux agriculteurs pour qu'ils vendent les matières premières moins cher et que surtout, le consommateur, toi et moi donc, paie moins cher donc, le kilo, par exemple, de farine. Compris ?

Voilà, j'ai fait court, mais c'est nécessaire et ça évitera qu'on vienne m'expliquer qu'un cul-terreux ça chiale tout le temps parce que ça n'a pas de sous mais que quand même hein, les aides de l'État gnagnagna !

Les vrais héros, ce sont ces hommes et ces femmes qui continuent de se lever tous les matins. Pour rien. Pour rien. Pour montrer à leurs mômes que la vie c'est ça. Qu'on n'est pas des piafs, que rien n'arrive tout cru dans le bec. Que même parfois ils n'ont pas d'enfant mais ils continuent de se lever quand même. Pour rien. Que tout se gagne à la sueur du front. À la sueur du dos. À la force des bras. Les héros sont là. Ce sont des héros quotidiens qui ne bronchent pas.

Qui encaissent.

Qui transpirent.

Qui souffrent.

Qui plient mais ne cassent pas.

Mon homme, ça peut paraître cruche mais je m'en fous, quand je le regarde, je suis fière de lui. Parfois même, j'en ai les larmes aux yeux tellement je l'admire. Mais je ne lui dis pas. Non. Parce que les tabourets, ça ne parle pas. Si j'avais été un homme, j'aurais voulu être comme lui. Courageux et fort comme lui.

Ce qu'il y a, c'est que je n'arrivais pas à calmer la colère de Jule. J'avais beau lui dire et lui répéter que sa colère, tout seul dans son tracteur, ne faisait de mal à personne, à personne sauf à lui. Je lui ai dit dix fois peut-être et à chaque fois il criait un peu plus fort. J'aurais pu raccrocher. Oui. J'aurais pu. Mais j'ai écouté. Tout. Par moments, ça coupait et je dois bien avouer que c'était vraiment une bonne chose. La vie à la campagne a des avantages. Et puis, j'ai profité d'une accalmie pour lui murmurer : « Je t'aime. » Lui et moi, on ne se dit jamais je t'aime. Jule s'est calmé. D'un coup, je l'ai senti. Je lui ai demandé ce qui lui ferait plaisir. Il m'a dit, des photos de toi. J'ai ri. Lui aussi.

Les vrais héros n'ont pas de cape. Ils portent des tee-shirts crados que leurs femmes lavent tous les jours en priant pour que celui qui se donnera la mort, un jour sur trois, ce soit un autre plutôt que lui.

P.S. Pardon pour l'autre, mais c'est que j'aime tant ça, moi, vivre aux côtés d'un héros qui sent la sueur dans son tee-shirt crado.

Vendredi 22 juillet.

J'ai rêvé de Bénédicte l'Hystérique. Un rêve complètement absurde puisqu'elle me conviait à son anniversaire. J'y allais, convaincue que ça lui faisait plaisir alors qu'à moi, pas. Je n'avais pas envie d'en être, mais ne sachant pas dire non, j'avais accepté. Mon tort. À reculons donc, j'étais allée à la fête, dans sa maison en bordel, la salle de bains était encombrée, un escabeau bloquait son passage, il y avait du monde plein la pièce principale, des enfants bruyants, personne que je connaissais. J'essayais de parler aux étrangers mais aucun ne me répondait. Je ne cessais de me demander ce que je foutais là. J'essayais avec les enfants, plus facile avec les enfants, je m'approchais, me mettais à leur hauteur et ils faisaient non avec la tête, non, puis ils disaient : « Elle nous a dit de pas te parler ! » J'attendais la fin de la fête mais elle peinait à arriver. La soirée était longue et j'y restais jusqu'au bout. Mon tort. J'attendais pour questionner Bénédicte l'Hystérique qui avait passé la soirée à me regarder depuis l'entrée encombrée par un escabeau.

Tout le monde parti, enfin je lui demandais : « Pourquoi ? Pourquoi m'avoir invitée ? » Elle avait répondu de son air de sale pétasse prétentieuse et hautaine, que c'était pour me voir seule une soirée tout entière. Que la consigne avait été donnée à tout le monde de ne surtout pas m'adresser la parole. Que les ordres étaient tels et qu'ils avaient été respectés et qu'elle était ravie de m'avoir vue souffrir une soirée tout entière. Elle disait n'avoir eu aucune envie, aucun désir de ma présence. Elle disait qu'elle savait que j'allais accepter puisque je ne savais pas dire non. Elle disait que me faire du mal était une chose aisée. Elle disait tout cela de son air de sale pétasse prétentieuse et hautaine.

Peut-être que mes rêves essayent de me dire quelque chose.

Lundi 25 juillet.

Quand j'avais quatorze ans, j'ai lu, presque jusqu'au bout, *La liste de Schindler*. Presque jusqu'au bout car je me suis arrêtée chapitre 35, page 465, sur cette phrase qui depuis tout ce temps me trotte dans le citron : « (...) car l'usine ne produisait rien. Pas un seul obus, diront les prisonniers de Brinnlitz en hochant la tête dubitativement. Aucun des obus de quarante-cinq millimètres, aucune des douilles fabriquées là-bas ne pourront jamais être utilisé. »

La paix, si elle ne vient pas d'elle-même, ne pourrait-on pas la provoquer, en fabriquant des armes qui ne fonctionnent pas ?

Vous avez quatre heures et on est, faut dire, relativement pressé...

Mercredi 27 juillet. 22 h 27.

C'est un tout petit peu éméchée, cher *Journal*, que je t'écris ce soir.

J'avais organisé un *apéro copines*, ce soir. Oui. Hier, je ne sais pas ce qui m'a pris mais j'ai eu envie d'avoir mes copines autour de moi, autour de nous, j'ai envoyé un message à Séverine, à Anne-Marie, à Steph, à Émilie, elles étaient toutes ravies. J'avais préparé des petits trucs à grignoter et acheté du bon pinard pour leur faire plaisir. *Côte-de-Beaune*, *Côte-de-Nuits* et *Hermitage*, on s'est régalé ! Quelle chouette soirée ! Elles étaient vraisemblablement touchées que je m'occupe d'elles comme ça. Je ne sais pas. Elles avaient imaginé sûrement des cacahuètes et un verre de vodka. Mais non, il y avait des crudités/mayo, des toasts de tapenades, olives, saucisson, gâteaux apéros, tout ce que femmes aiment... et trois heures de papotage entre nous, entre nanas, entre femmes, cher *Journal*. Trois heures et une seule consigne : « Ce qui est dit ici, reste ici ! » Quel bonheur. Je leur ai dit que ça devait devenir une institution, cet *apéro copines* ! Jule est rentré vers 21 h 15, juste après leur départ. Un peu envieux, lui aussi aimerait bien faire un *apéro copains* mais, depuis la mort de Manu, des copains, il n'en a plus beaucoup. Les fuit comme s'il avait peur de s'attacher à quelqu'un et que ce quelqu'un meure encore une fois et le laisse tout seul. Je lui ai dit que c'était possible, que mes copines avaient des maris, alors pourquoi se priver de ce plaisir si simple de se retrouver autour d'une bonne bouteille et d'un morceau de saucisson ! « Bah oui, c'est vrai, t'as raison ! » qu'il a dit !

Je reviens cher *Journal*, je couche Elisa… (J'avais tapé, un peu éméchée : *je revis cher Journal, je couche Elisa...*)

Me revoilà…

J'étais ce matin chez le médecin, rien de grave, mais à surveiller. J'ai aussi fait annuler l'option obsèques, expliquant à mon assureur que pour l'instant, ma priorité était de remplir mon frigo plutôt que payer mon cercueil. Surtout que si ça se trouve, au train où vont les choses, dans un an, on sera tous mort sous les bombes et il ne restera de nos corps que des morceaux de pâté. Imagine, cher *Journal*, si ce connard de Trump prenait le pouvoir, ce connard de Trump et les codes d'accès aux armes nucléaires. On est loin de la bande à Mickey tu sais. Très loin du Donald qui nous faisait marrer quand nous étions enfants. Je ne te parlerai pas bien sûr, cher *Journal*, de mes angoisses liées à l'égorgement de ce vieillard de prêtre, non, ça n'est pas utile, d'ailleurs le médecin m'a prescrit un petit décontractant. Il a dit que moins j'en prendrais, mieux ce serait. Mais il me l'a quand même prescrit. Il a demandé si je dormais bien et j'ai rigolé.

Cher *Journal*, je vais te laisser, à chaque jour suffit sa peine et ce soir, je suis ravie de ma journée. Alors demain, on verra. Le bonheur, c'est ni plus ni mois qu'un kilo de patates qu'il faut savoir ramasser le jour où on n'a pas grand-chose d'autre à manger… et ce soir, j'avais faim, faim de simplicité et d'amour vrai.

À demain, cher *Journal*.

Jeudi 28 juillet.

J'ai rêvé, le peu que j'ai dormi, de Marie-Laure, des funérailles de Marie-Laure, ma cousine. Des larmes de son mari, des larmes de son frère devant le cercueil, tout petit le cercueil, cinquante centimètres même pas. Des larmes de son père, secouant la tête, incrédule, de celles de sa mère, de ses beaux-parents, de sa belle-sœur qui le deviendra pour de vrai le 3 septembre. Je ne comprenais pas comment une telle chose avait pu arriver. Je cherchais quand j'avais vu, entendu Marie-Laure pour la dernière fois. Avait-elle posté quelque chose sur *Facebook* ? Ce n'était pas possible. Elle ne pouvait pas être morte. Je pleurais, dans mon sommeil, la tête enfouie dans mon oreiller, je pleurais. En pensant à ses enfants, ses adorables jumeaux, des joues à croquer pareilles à des abricots bien mûrs, orangés, des bébés attendus, désirés, inespérés, des bébés sans maman. Je regardais Hugo, son mari, je me demandais si à nouveau on le verrait rire un jour de son si beau et si parfait sourire. Hugo est beau. Il a le teint mat, les dents blanches alignées comme les touches d'un piano, les noires en moins. Dans mon rêve, il souriait, il était beau et digne, costume noir, cravate noire, chemise blanche, délabrée, pas rentrée dans le pantalon, la classe madérienne. Un pansement entourait son annulaire droit. Soudain il s'était tourné, fini les rires, il s'était effondré dans les bras de quelqu'un que je ne connaissais pas. Après cela, des musulmans avaient fait des prières devant l'église où le cercueil de Marie-Laure était exposé et quelqu'un avait dit qu'ils devaient se casser. On avait entendu des coups de feu et puis on s'était engouffrés dans l'église. Au fond, il y avait une allée comme une grotte et on s'était tous mis à courir dans tous les sens. Oubliant le cercueil de Marie-Laure. Oubliant nos morts, on sauvait nos vies.

En me réveillant, j'avais attrapé mon téléphone, tapé le nom de Marie-Laure et, soulagée, j'avais constaté qu'elle avait posté quelque chose de pas gai sur *Facebook,* la veille.

Marie-Laure est vivante.

Dimanche 31 juillet.

C'est le grand jour, mon Chéri, c'est le jour de ton retour. Ce fumier de mois de juillet enfin prend fin. Je n'ai par écrit sur toi, je n'ai pas pu, j'avais promis, écrire ç'aurait été éprouver par dix fois ton absence et je t'avais promis, puisque tu me l'avais demandé, de ne pas pleurer. Alors j'ai vécu. J'ai invité des copines. J'ai fait des balades à vélo. J'ai ri. J'ai travaillé. J'ai nagé. J'ai écrit. J'ai lu. J'ai fait des pique-niques, marché dans des parcs, dans des champs de maïs noyés, envoyé des livres, préparé des repas. J'ai lavé le linge, le sol, les meubles et les cages de vos hamsters. Tes draps, presque au dernier moment, je fais toujours ça, au cas où tu ne reviennes pas, que ton odeur demeure, avec ton pyjama, pareil.

Tu rentres à 19 heures et je n'ai pas entendu le son de voix, ta voix rauque depuis le vendredi 8 juillet à 19 heures. Pas une syllabe, tu as refusé de m'appeler. Je ne te demanderai pas pourquoi. Je ne t'en veux pas. Tu as sûrement une bonne raison et puis peut-être pas. Ce n'est rien puisque tu rentres à 19 heures et que ma peine enfin prend fin.

Je vais préparer un tas de choses à grignoter pour ton retour. Des trucs sympa. Mamie et papy seront là et puis tata Lili, tonton et tes cousines aussi. Tout le monde t'attend de pied ferme, mon Zigouigoui. On va fêter avec un peu d'avance les douze ans que tu auras mercredi. Douze ans. Tu les as attendus tes douze ans et puis finalement, tu vois, avec papa les choses s'arrangent et crois-moi, j'en suis, peut-être pas la première ravie, mais la deuxième, c'est sûr. Tant mieux mon chaton. On n'a qu'un papa. Qu'une maman. Aussi imparfaits soient-ils, on doit composer avec, prendre le bon, laisser le mauvais. Avec moi pareil, ne prends que le bon mon fils. Laisse le mauvais, il y en a, forcément, mais ne le cherche pas, s'il te plaît. Ça va de soi que s'il te foutait sur la gueule, ton papa, je ne chercherais pas le bon et je lui emmancherais une bêche bien affûtée sur sa cloison nasale. Je le laisserais, gisant sur le sol, le regarderais de toute ma hauteur et avec une paire de souliers, affûtée elle-aussi, j'enfoncerais le talon, pointu, dans le trou, béant, en sang, de la plaie et j'appuierais jusqu'à entendre un petit son qui me signalerait que je peux ôter mon pied de son nez. Je ne sais pas à quoi ça ressemble ce son là. Un clic ? Un crac ?

Mais ce n'est pas le cas. Non. Et c'est tant mieux pour toi mon petit chat. Enfin, tout ça n'a pas, n'a plus d'importance puisque tu rentres tout à l'heure et qu'en attendant ton retour, moi je fais dans toute la maison des petits sauts de cabri. Mon cœur bat à mille à l'heure. Il bat comme si j'étais en vie. Celui de ta sœur aussi je crois. Elle a ouvert les yeux et s'est jetée sur son calendrier, a fait la dernière croix du mois de juillet et a atteint, enfin, la case tant attendue du dimanche, celle où elle avait dessiné deux petits enfants se tenant par la main. Dans un sourire, ni feint, ni dissimulé, elle l'a rayée et elle a dit : « Ça y est, c'est bon, c'est aujourd'hui qu'il rentre ! »

Alors voilà, on a joué le jeu. J'ai pas pleuré, comme j'avais promis. J'ai fait des trucs, comme j'avais promis. Je ne ressentirai ce soir aucune indécence au bonheur, je suis prête à le recevoir, tout entier, je prendrai même un peu de rab s'il y en a. Je n'ai pas honte non, je ne penserai pas, ce soir, pas au reste du monde, à toute la tristesse du monde. Non. À chaque jour suffit sa peine et aujourd'hui, je passe mon tour. Si j'ai double ration plus tard, tant pis. Je te laisse, mon Chéri, je file en courses, il faut que j'achète du lard fumé, de la mozzarella, des pâtes feuilletées, des boissons, du pain de mie et des bougies.

Je tremble, j'ai du mal à écrire, mes mains tremblent de t'attendre. Mon cœur, mon cœur bat si fort qu'il me fait presque mal. C'est con quand même d'avoir autant de mal à me passer de toi. C'est bête peut-être de me sentir autant privée de toi lors de tes absences. Mais c'est comme ça. Tu rentres tout à l'heure et ton retour va me faire l'effet d'une trachéotomie, d'un défibrillateur et je n'attends plus que ça moi, de me sentir en vie auprès de toi, mon fils.

AOÛT

La famille est le vrai roman de l'individu.

JOSÉ CARLOS LLOP

Mardi 9 août.

Écrire requiert un effort de solitude que je ne suis pas en mesure de fournir depuis que Léopold est rentré.

Mercredi 10 août.

J'ai reçu la photo du postérieur du garçon qui voulait me revoir, le garçon du mois de juin. J'ai reçu la photo de son cul sur la messagerie privée de mon *Facebook*. Il a rêvé de moi, j'ai été, d'après lui, sexuellement époustouflante cette nuit. Il dit ne pas en revenir. Il semble comblé, demande à vivre ça en vrai, maintenant. Il veut lécher ma peau, embrasser mon con, m'entendre gémir. Je ne réponds pas. Ce mec est complètement taré. J'en ai parlé à Lili qui m'a m'expliqué que les garçons, quand ils font des rêves érotiques (là, je pense que c'était plutôt du domaine de la pornographie) se réveillent avec l'idée que le rêve n'en était pas un et cherchent souvent à poursuivre l'aventure qu'ils ont commencé tout seul.

Je lui ai suggéré de se tremper le cul dans une bassine d'eau froide. Il m'a, dans la foulée, supprimé de ses amis.

Sachez mesdames, qu'il se peut qu'à plusieurs centaines de kilomètres de chez vous, alors que vous dormez, un type se branle en pensant à vous et vous envoie, à l'aube, une photo de son cul.

Jeudi 11 août.

On ne part pas en vacances cette année. On a acheté, au temps des possibles, une petite maison dans le Nivernais. Nous irons y passer une semaine, une seule puisque Jule doit semer le colza dès le 22 août. Nous irons donc là-bas, mais je n'avais rien dit à personne sur l'existence même de cette maison. Rien répondu non plus à la question de juillet et d'août, toujours la même, celle qui brûle les lèvres : « Tu pars où cet été ? » Je répondais, jusqu'à maintenant : « Nulle part. » Déjà parce que j'avais l'impression de n'aller effectivement nulle part puisque c'est chez moi que je vais. Et puis, si j'avais dit, dans le Nivernais, on m'aurait demandé : « Pourquoi dans le nivernais, c'est nul le Nivernais ! » On est loin, c'est vrai, de la Rondinara, superbe plage corse de l'été dernier. On va là-bas parce qu'on n'a pas d'argent pour aller ailleurs, pour se payer de vraies vacances et tout ce qui va avec, péage, essence, location, alors que nous avions il y a quelques années, les moyens, nous croyions, d'acheter cette seconde maison. La dégringolade, la vraie, brutale, en une année.

On part samedi et on ne restera qu'une semaine, à cause du colza.

Vendredi 12 août.

Il paraît que c'est la meilleure journée, celle juste avant les vacances, celle qui accompagne le désir avant son assouvissement. Celle où, en se délectant, on attend la sonnerie, comme avant, à l'école, elle annonçait, enfin, le début des grandes vacances. On comptait. 5, 4, 3, 2, 1... biiiiiip ! Alors à grandes enjambées, on quittait le bahut. Moi j'étais toujours triste, au fond de moi, d'être éloignée si longtemps de l'école et de m'approcher de l'état de solitude qu'aujourd'hui je recherche, comme le Saint Graal.

En tout cas, j'espère que le plaisir procuré *in fine* ne sera pas le même, parce que c'était une sacrée journée de merde.

Samedi 13 août.

On n'a pas mis le réveil, on a décidé de partir quand on sera levé, lavé. Quand on sera prêts, après le petit déjeuner, sans pression puisque c'est chez nous que l'on va et que l'on a aucune contrainte d'horaires, de clefs à récupérer, d'état des lieux d'entrée à faire. Il n'y a qu'une heure trente à rouler. Il faut d'abord aller au péage de Soupes/Dordives puis enquiller sur l'autoroute de l'arbre. Le plus simple pour connaître et comprendre cette maison, c'est encore de me lire, de lire *La folie que c'est d'écrire*.

J'ai semé des indices depuis le tout premier livre.

Lundi 15 août.

On est parti tôt faire de l'accrobranche. Les enfants étaient ravis, super excités, trop contents. On a préparé la veille un énorme pique-nique. Avant, quand on avait des sous, on trouvait que les pique-niques, ça faisait beauf. Nous on avait les moyens de manger au resto et on aimait ça. Se poser, se faire servir, ne rien avoir à préparer, ne rien avoir à nettoyer. On n'était pas dans l'esclavagisme, on laissait des pourboires très généreux. On pouvait manger au resto matin, midi et soir sans se poser de question de budget et, souvent même, si on partait en vacances à plusieurs, on payait pour les autres. À présent, on a les moyens de s'offrir de gros pique-niques, qui sont encore plus généreux que les pourboires qu'on a longtemps laissés sur les tables en partant.

La première étape du parcours accrobranche, c'était la vert pomme. Dès l'entrainement, j'ai senti que ça n'allait pas le faire, j'avais encore les pieds sur la terre que je me demandais déjà ce que je foutais là. Léopold avait dit que ça lui ferait vachement plaisir que je le fasse avec lui et j'avais cru en être capable. Sur la première tyrolienne, à quarante centimètres du sol, j'avais déjà eu du mal à me lancer dans le vide, vide relatif de quarante centimètres de haut. Pour couronner le tout, j'étais restée coincée, suspendue, le cul coincé dans le harnais de sécurité, au milieu du câble épais et noir de la tyrolienne d'entraînement. Jule se marrait et m'avait prise en photo. Jule ne me prend en photo que lorsque l'occasion de se foutre de ma gueule quelques semaines se présente. Après l'entraînement, les choses se sont gâtées et j'ai manqué me trouver mal au milieu du parcours vert pomme. J'ai trouvé, je ne sais pas comment, le courage d'aller au bout, puis me suis excusée auprès de Léopold, lui disant que je ne pourrais pas aller plus loin. Il a dit que j'avais essayé, que déjà c'était bien. J'ai passé mon harnais de sécurité à Jule. Le parcours d'après, c'était le vert foncé. Jule, pas très sûr de lui, a emmanché ses longues jambes fines dans les trous prévus à cet effet et s'est empaqueté là-dedans. Vingt minutes après, il a fallu appeler les secours pour l'aider à descendre d'un arbre. Il ne restait que trois étapes avant de pouvoir passer au parcours bleu clair. Il est descendu dégoulinant de sueur et blanc comme un linge.

À midi pile, on a mangé le pique-nique, comme des beaufs, sur la table en bois du parc. À côté de nous, un couple de vieux avait apporté une nappe, carrément, aux couleurs du sud. On n'en était heureusement pas encore réduit à cela. On avait tout bien géré, sauf la vinaigrette dans la salade que Jule avait préparée la veille. On l'a mangée quand même. Un des sandwiches au pain de mie était un peu sec parce que pour l'emballer, il n'y avait plus assez de cellophane. Lui aussi, on l'a mangé quand même. Trente minutes après, les enfants ont repris, sans nous, leurs activités. Léopold a fait les parcours bleu clair et foncé, jaune, rouge, brillamment. Il a abandonné, s'est rabattu, a décidé de ne pas tenter le parcours noir. Je lui ai dit que c'était bien, que j'étais fière de lui, que j'espérais qu'il était lui aussi, fier de lui. Il a dit oui. Se rabattre, abandonner, n'est pas un signe de faiblesse. Au contraire, il faut du courage pour admettre et accepter ses limites. Les miennes étaient vert pomme. Celles de Jule, vert foncé. Les siennes, rouge. Elisa, son petit bonhomme de chemin, sûre d'elle, a fait face à sa première remarque sexiste d'un papa : « Attention les garçons, vous allez vous faire doubler par une fille ! Ah ! Ah ! Ah ! » Ce à quoi, évidemment, j'ai répondu : « Et quand bien même, c'est quoi le problème avec les filles ? » Il a ri. Moi pas. Je lui ai dit qu'il ne devait pas s'inquiéter, que le mousqueton de la ligne de vie assurait à ses deux gaillards d'arriver devant, fatalement, ma fille. Que même si c'étaient deux culs-de-jatte, ils arriveraient avant elle, sans que cela n'ait rien à voir avec le talent ou le courage ou le fait d'avoir un pénis dans le fond de leur culotte *Petit bateau*, taille 4 ans.

Après cela, je suis allée m'asseoir près de Jule, et nous nous sommes retrouvés, tels deux cons assis sur un banc, à nous dire en regardant nos enfants, qu'ils commencent à s'éloigner, quand même, nos 20 ans.

Mardi 16 août.

J'étais levée tôt ce matin, à cause de mon dos. Je profite des vacances pour faire des expériences. Mon dos, depuis des mois, m'empêche de dormir quand je le pourrais, le matin. Sans pousser jusqu'à la grasse matinée, disons que lorsque je me lève à 9 heures, je ne suis pas ravie, non, je suis bouleversée. Ce matin, j'étais debout à 7 h 30, même plus en colère mais complètement dépitée. J'avais fait le test la nuit d'avant de me mettre en position mi couchée mi assise. Une position des plus confortables en somme. Contre toute attente, j'avais pioncé jusqu'à 9 heures. Hier, je me suis endormie dans le lit, devant la télévision, la seule de la toute petite maison, sur son meuble à roulettes que l'on trimballe dans toutes les pièces. J'ai fini par lâcher prise en n'étant plus du tout assise. Je me suis réveillée le dos endolori, pleurant presque, à 7 heures et quelques. Je ne pouvais pas emmerder Jule à tourner dans tous les sens en essayant de retrouver le sommeil perdu depuis des lustres. Alors je me suis levée et j'ai écrit, dès 7 h 30.

À présent, il est 18 h 33, j'écris toujours même si je me suis arrêtée longtemps. Nous avons réservé une super journée en canoë-kayak demain, avec pique-nique et tout et tout. Sandwichs pain de mie/triangle, salade tomates/concombre achetée local ici, œufs durs, pastèque et melon en morceaux pas carrés. Les gamins sont trop contents. Nous aussi. On est au bord de la Loire, j'écris en maillot de bain. On prend l'apéro, on laisse la journée s'étirer. Léopold et Elisa font des châteaux de sable, les enfants d'une famille en face font la même chose qu'eux. Jule me signale qu'ils ont le même parasol bleu turquoise que nous alors que je sors mon tricot. J'ai soudain soixante-quinze ans, je suis sur un transat bleu turquoise. J'ai la peau flasque mais je souris. Je souris parce que je suis toujours en vie et je n'aurais pas cru ça de moi. Je ne sais pas pourquoi, d'un coup je pense à cela. Je reviens à l'instant présent, je regarde Jule, je regarde Léopold et Elisa et ils ont l'air sacrément heureux tous les trois. Elisa gueule beaucoup, Léopold n'arrête pas de la faire chier. Je dis à Jule qu'il a le même caractère que mon père, quand gamine, avec Lili, il venait nous tirer par les pieds dans la mer en chantant *Les dents de la grand-mère*, avec Lili on était mortes de rire. Il retirait son appareil dentaire parce quand il était jeune, dans une bagarre, il avait perdu un chicot et ma mère n'arrêtait pas de dire que c'était dégueulasse. C'est vrai, elle avait raison, c'était dégueulasse mais avec la BO des *Dents de la mer*, sérieux, c'était surtout très fendard à huit dix ans. Je ne sais pas pourquoi, je pense à cela. Je reviens au présent, encore une fois et je regarde les gens en face, je me demande s'ils s'amusent ensemble, pour de vrai, où s'ils s'emmerdent chacun de leur côté. Je voudrais savoir s'ils ont l'impression d'être partis en vacances. En tout cas, eux je ne sais pas, mais moi, oui.

Mercredi 17 août.

J'en ai bavé des ronds de chapeau dans le canoë, qui en fait était un kayak. Myenne-Bonny, 18 kilomètres, à la force des bras. Gauche ! Droite ! Gauche ! Droite. Obligation de dialoguer avec mon coéquipier, Léopold. Jule, quant à lui, a ramé pour deux, avec Elisa qui faisait un peu la gueule parce qu'au lieu d'une double pagaie, comme nous, elle n'avait eu qu'une rame riquiqui trop courte et pas marrante du tout.

On est parti vers 10 heures. En arrivant à Bonny, le couple qui louait les canoës et les kayaks avait trouvé une deuxième famille pour partager les frais de transport jusqu'à Myennes. Plus on est de fous, moins on paye cher ! 17 euros au lieu de 24, par personne, je veux oui, surtout pour faire du sport, payer moins cher ! On a mis les embarcations à l'eau vers 10 h 30 dans la joie, la bonne humeur et une pointe d'appréhension quand même. Le type qui nous a déposés, aussitôt après était remonté dans son van. J'avais demandé à l'autre famille s'il se cassait comme ça, sans rien nous dire d'autre. L'homme avait dit que non, sûr que non, ce n'était pas le genre du bonhomme. Il faisait, selon lui, juste une marche arrière. Il était ressorti, juste après c'est vrai, nous avait fait coucou avec ses mains, nous avait dit : « Éclatez-vous bien, à ce soir en bas ! » Et tranquillement, il était remonté dans son véhicule. On n'était pas encore à l'eau et on se demandait comment on allait s'y prendre. Sauf Jule. Et je dois bien admettre qu'avec lui et un sac à dos, je pourrais aller en toute confiance à l'autre bout du monde.

À 11 heures, comme j'avais déjà faim, on s'arrêtait pour le premier *pique-nique-p'tit dej*. Je pestais un peu d'avoir oublié mon thermos à café. Jule me rappelait qu'à l'accrobranche non plus, je n'en avais pas. Ce à quoi je répondais : « Non, mais y avait une machine à café et j'ai passé la journée à y faire des allers-retours ! » Là, sur la Loire, pas moyen de boire un arabica. On s'était remis en route une petite demi-heure après, cherchant à présent un coin sympa pour le pique-nique du midi. Mais je crois qu'au fond, on n'avait pas vraiment envie de le trouver maintenant, ce coin sympa. On était bien, à profiter de ce plaisir ordinaire, d'être ensemble et de faire quelque chose d'un petit peu extraordinaire. S'arrêter pique-niquer maintenant, c'était prendre le risque de sectionner la journée en deux et d'accepter déjà qu'une moitié était passée. On n'en avait pas envie, pas tout de suite, sans se le dire, on le savait. Alors on a continué à pagayer jusqu'à dépasser la famille qui avait permis d'alléger notre budget. On leur a fait coucou et, juste après, on a croisé un type parti la veille, sur un canoë blindé de casseroles, de matelas mousse, de godasses, de cordes, de roues en plastique. Il nous a dit, quand je lui ai posé la question, qu'il allait jusqu'à Blois, peut-être Angers, qu'il ne savait pas encore. Qu'il était donc parti hier matin, que ça faisait un bien fou, cette solitude. Qu'il pensait mettre douze jours, à raison de cinquante kilomètres par jour, pour aller jusqu'à Blois, ou Angers où il avait laissé sa voiture, il verrait comment ça se passerait. Il nous a dépassé, a mis trois quatre coups de pagaie et était déjà loin quand je lui ai hurlé : « Courage et bravo ! »

À 13 heures, on a trouvé notre parfaite petite plage en plein milieu de la Loire. Îlot de sable fin, paradisiaque presque. Même si, en levant la tête, on voyait l'énorme centrale nucléaire. Je mettais mon pouce devant, pour ne pas la voir, je fermais un œil comme ces peintres qui décrivent le monde avec des pinceaux et j'étais soudain à l'autre bout du globe, sur une île, avec ma famille, heureuse. J'oubliais le Nivernais, le nucléaire, les attaques terroristes, Bénédicte l'Hystérique, nos problèmes, de cœur, de pique. J'oubliais presque tout parce qu'on n'oublie jamais tout pour de vrai. On s'est posé et pour rire, avec Jule, on n'arrêtait pas de dire qu'on était trop mal, que vraiment, elle était pourrie cette journée et les mômes faisaient comme nous et riaient. Ils claironnaient même : « Vivement qu'on rentre, c'est nul ici ! » On s'est installé, les rames servaient de pieds de parasol au plaid soulevé par le vent et on a mangé les sandwichs, les enfants le cul dans l'eau, et les salades avec la vinaigrette qu'on n'avait, cette fois, pas oubliée, et puis on s'est bu une bonne bouteille de Pouilly fumé, les enfants des jus de fruits bourrés de sucre mais sans fruits.

Un peu après 14 h 30, on est repartis. Jule, pour rire, m'a foutu la gueule à l'eau et j'ai bu la tasse, à défaut d'un café. Il était content de sa connerie, moi un peu moins. On a continué à pagayer pagayer pagayer, j'ai dit à Léopold que j'avais l'impression de faire Koh-Lanta et ça l'a fait marrer lui aussi, moi un peu moins. Je commençais à en avoir plein les bras, à cause de la pagaie, plein le cul, à cause de l'assise pas très confortable, plein le dos, à cause de la position couchée de la veille. Plein presque partout en fait et on n'avait pas encore fait la moitié du chemin. Une petite heure après, on a encore amarré mais cette fois, pour de vrai, la plage choisie par Jule était nulle alors on n'a pas fait la blague du midi. On n'est resté que le temps de boire une bière et de se recrémer, le dos les bras les genoux les joues la nuque. Puis on est reparti. Il fallait encore passer le barrage de la centrale qui était juste en face. Il y a deux façons de le passer. La première, complètement à droite, il suffit d'y aller à la rame puis, une fois devant le tapis vert, de porter son kayak à bout de bras sur une cinquantaine de mètres. Ce n'est pas rigolo mais c'est le moyen le plus sécurisant. La seconde, complètement à gauche, demande à se placer à deux trois mètres du pylône de droite en étant à gauche, à rester en position droite mais détendue, à ne surtout pas faire le guignol et à y aller, tranquille Mimile. En revanche, il ne faut surtout pas passer au milieu. « Surtout pas ! », nous a dit le monsieur qui nous a loué les kayaks. Sinon, c'est la mort assurée et, gilet ou pas, il n'y aura que les sauveteurs pour nous remonter, décédé, si on tombe. C'est arrivé une seule fois en 20 ans, c'était un môme d'ici et il avait 16 ans. En passant le barrage, je me disais que le môme aurait mon âge aujourd'hui, qu'il devait être de 80, qu'il aurait sûrement des gamins et qu'il les aurait emmenés, comme les nôtres, naviguer sur la Loire. Je pense à sa mère aussi, je me demande si on se remet, 20 ans après, de la mort de son enfant. Finalement on a pris par la droite, parce qu'Elisa couinait de peur depuis un bon kilomètre. Faut dire que je la comprends. Je n'étais pas tout à fait rassurée, moi non plus et, à droite, c'était parfait. C'était d'ailleurs parfait jusqu'à ce que Jule nous dise qu'on avait encore 6 bons kilomètres à faire. Alors on les a faits, vaille que vaille, et il me semblait que, tous les quarts d'heure, un des mômes se mettait à l'eau, nageait un peu, puis remontait dans l'embarcation.

Le soleil faisait la sieste quand on a croisé un couple parti aussi pour 12 jours.

À 17 heures, on a enfin aperçu le pont de Bonny, qu'on appelle, en rigolant, le pont de San Francisco pour faire comme si on était parti super loin. Toujours ce souci ridicule de la distance et du paraître. Le pont de Bonny, ça voulait dire qu'on était quasiment arrivé. Sauf que les enfants ne voulaient pas, eux, rendre les kayaks. Ce qu'ils voulaient, c'était trouver une autre plage et passer le reste de l'après-midi. Je n'avais qu'une envie moi, c'était d'extraire mon corps du kayak et m'allonger quelque part, même si quelque part c'était n'importe où, dans la vase ou la boue, franchement, je n'en pouvais plus. Je me voyais les décevoir, je me sentais coupable de leur dire non. De leur dire que j'en avais plein le dos, que j'avais eu ma dose de flotte pour la journée, alors j'ai eu une idée. Je leur ai dit qu'après ça, on irait manger une pizza et ils se sont mis à pagayer, surtout Léopold, comme un athlète olympique.

À 20 heures, la pizza était infecte. Une *napolitaine*, ma préférée, double déception. Léopold a pris des *agnolotti* au bœuf. Il ne savait pas ce que c'était mais semblait super emballé. Quand l'assiette est arrivée, c'était des *tortellini*. Ce souci ridicule, encore une fois, omniprésent, du paraître. S'il y avait eu, sur le menu, noté *tortellini*, Léopold aurait pris autre chose et aurait su à quoi s'en tenir. Le problème avec le paraître, c'est qu'on ne sait jamais quel genre de forêt cache l'arbre devant.

Samedi 20 août.

On devait rentrer demain, finalement on a foutu tout notre merdier dans la bagnole et on s'est arraché. En une heure trente, on était chez nous. Contents de notre semaine. Vraiment.

Vendredi 26 août.

Je t'ai dit Léopold ce soir en observant les étoiles que j'avais vu hier, une étoile filante. Nos nez en l'air tu as voulu savoir si j'avais pris, eu, le temps de formuler mon vœu. Je t'ai dit que ce qu'il fallait faire, c'était en formuler un ou deux d'avance, parce que avec la chance qu'il fallait pour en voir une et la vivacité d'esprit de prononcer le souhait simultanément, tout cela amenuise les chances de voir le vœu se réaliser. Souvent, quand elle passe, on est tellement béat d'admiration qu'on ne pense à rien d'autre qu'à regarder le spectacle. On savoure la bouche ouverte. Je t'ai donc dit que moi, j'en avais toujours un, prêt à dégainer, aussitôt l'étoile venue et, hier soir, c'est ce que j'ai fait. J'ai dégainé mon vœu. Tu as voulu savoir mais tu as dit que tu te doutais que je ne l'avouerais pas, mon vœu secret. J'ai répondu que oui, tu avais raison. Je t'ai dit que je te l'écrirais, que tu pourrais le lire après ma mort et que tu verrais qu'il s'était réalisé. T'as dit : « Ouais, super ! » J'ai concédé. C'est vrai. Y a plus gai comme souvenir. Tu as dit qu'en plus, tu n'allais pas t'en souvenir de ce moment-là, quand tu allais lire la lettre en tentant de te remémorer à la fois le vœu et l'instant présent. Le souvenir est une horloge sous cloche, une capture du temps que l'on conserve précieusement. J'en ai des étagères pleines. Alors je te montre et c'est facile, comment soulever ce globe et te remémorer l'instant.

Sous cette cloche, il y a nous quatre, Elisa, toi, Jule et moi. Au bord de l'étang, nous campons joyeusement. J'ai fait les courses pour un pique-nique, pas de sandwichs triangles, mais du poulet fumé dont plus personne n'a envie car on a déjà trop picoré avant de passer à table. Du coup, en attendant que ça revienne, la faim, on fait un *Uno*. Tu dis que tu vas essayer de t'en souvenir car tu sais que la mémoire est parfois défaillante, surtout lorsqu'il faut l'étirer si loin dans le temps. Ma mort, c'est pas demain. Je te dis qu'on triche pour foutre la pâtée à Jule. Je te dis que ça, tu vas forcément t'en souvenir parce que je t'ai passé les cartes sous la table et qu'on lui a mis deux cartes + 4 à la suite et qu'il était furax beau-papa en piochant les huit cartes ! Tu rigoles et tu dis que c'est clair, ça tu t'en souviendras et on se marre tous les deux. Je te dis : « Tu vois, tu n'auras qu'à penser à ça, au campement, au *Uno*, à la triche et aux saucisses que Jule s'est finalement décider à faire cuire et tu liras cette lettre et même si c'est dans loin, ce sera un beau souvenir, cette capture de temps sous cloche. » Mais tu dis que des lettres, il en faudra d'autres que juste une, à lire après ma mort.

Alors je vais t'écrire Léopold. Je le fais déjà, mais cette fois, je ne le ferai que pour toi. Plusieurs lettres, on a décidé, pour que celle-là ne te fasse pas l'effet d'un coup de massue. Tu en auras plusieurs et certaines te demanderont même de prestement ranger ta chambre. C'est ce qu'on a dit en riant, toi et moi, que j'allais t'en laisser plusieurs avant l'ultime et qu'il faudra en attendant capturer les moments précieux et les mettre sous cloche. Les souvenirs sont des globes, j'en ai des étagères pleines, je les empile, les dépoussière et je ne m'en lasse pas.

Mon globe préféré, celui que je soulève régulièrement, c'est celui où ta sœur et toi, je vous ai emmenés manger une énorme glace en Corse. On n'était que nous trois et les glaces étaient démentielles. Je ne sais pas pourquoi, c'est la capture du temps que je préfère. Dès que j'ai un coup de mou, je soulève la cloche en verre et je me remémore l'instant. Alors, fermant les yeux, me revient en mémoire le bruit des vagues, le goût du sorbet melon et l'odeur du monoï. Ils servent à aller mieux, les souvenirs que l'on met sous cloche. Ce sont des réserves à bonheur.

SEPTEMBRE

Seul l'amour peut garder quelqu'un vivant.

OSCAR WILDE

Jeudi 1er septembre.

J'ai pas de photos à poster sur *Facebook*, ni de face ni de profil ni de dos. Le téléphone était plein et j'avais beau supprimer des clichés, ça ne voulait pas marcher. J'avais beau supprimer des clichés auxquels je tenais beaucoup, ça ne marchait pas plus. Alors avec Elisa, on a voulu en faire avec le téléphone de papa qui l'avait oublié à la maison, ce matin. Comme on ne connaissait pas son code de déverrouillage, on l'a bloqué. On s'est dit que c'était pas grave et qu'il était l'heure d'y aller. J'étais un peu chafouine de ne pas avoir de jolis clichés de sa rentrée au CP en cherchant la foutue clef de la bagnole. J'ai retourné le tiroir de la commode, mon sac à main, tout le merdier sur la table, sur le buffet du salon. Elle n'y était pas. Elle était ailleurs mais pas au bon endroit. On était déjà en retard quand on s'est garé et j'ai même calé devant des mamans qui revenaient déjà de la rentrée très réussie de leurs lardons. J'ai croisé Fabrice, le papa de Jojo et je lui ai demandé de prendre ma fille en photo et de me l'envoyer. Il a dit : « Comme d'hab ! » Et je me suis demandée s'il parlait de moi ou de mon numéro de téléphone qui, comme d'hab, n'avait pas changé. Dans le doute, j'ai dit oui : « Comme d'hab ! » Elisa a fait plein de sourires au téléphone, de face de profil de dos et elle m'a tendu sa menotte pour qu'on y aille. On a marché jusqu'au portail vert et, en le franchissant, j'avais pas du tout prévu la grosse boule chaude qui, d'un coup, s'est emparée de ma gorge. J'avais pas prévu non plus les billes larmoyantes de ma fille. J'avais pas plus prévu qu'elle se mouche dans mon tee-shirt et que je reparte en *moonwalkers*, paumée, perdue, à faire des cœurs avec mes doigts comme une cloche sur le trottoir de l'école.

Samedi 3 septembre.

À Laurent Herrou,

J'ai rêvé de toi, la nuit du 2 au 3 septembre, la nuit juste avant ton mariage. Nous dormions ensemble, toi chez moi, toi dans mon lit. Les gens, tes invités, venaient se préparer chez moi pour ensuite repartir au château. Il y avait surtout des gens que tu ne connaissais pas. On s'est réveillé, je t'ai dit que j'étais heureuse que tu te maries, tu n'as rien dit, tu m'as lancé ton regard douceur qui disait : « Oui, vas-y continue. » Je t'ai dit que le seul truc que je trouvais con c'est que maintenant que tu allais être marié, c'était sûr, moi, tu ne m'épouserais jamais. Tu as demandé pour quoi faire, je t'ai répondu : une fine équipe. Tu t'es approché de moi, tu as dit, on se fait un câlin poilu et tu m'as prise dans tes bras. Nos cheveux s'emmêlaient, ta barbe dans ma tignasse, ma tignasse dans la tienne, c'était un gros câlin moelleux et puis les invités ont commencé à rentrer dans la chambre et je t'ai dit d'aller te faire beau parce que je devais terminer de tricoter le bonnet d'Éric pour quand vous prendriez la mer ensemble.

Dimanche 4 septembre.

Sur la route du retour, Lo. Mélange de tristesse et de fatigue. Je n'ai pas pu assister à la cérémonie d'hier, malgré ton invitation. Mon cousin se mariait le même jour que toi. Le choix était évident, la famille d'abord même si, par-dessus tout, j'aurais aimé adoré te voir, si heureux, épouser Éric. Alors nous avons, dans la journée, fait l'aller-retour jusqu'au château. Nous nous sommes relayés à l'aller, pas du tout au retour. Juste avant de prendre la route, nous avons jeté Pascale dans le train pour Paris qu'elle a failli rater. Mais je t'ai vu Lo, pas longtemps, juste assez pour qu'en arrivant, et tu ne le sais pas, le câlin poilu de deux nuits avant devienne réalité. J'ai ri dans tes poils et tu ne t'es aperçu de rien. Mais c'était réalité. J'ai mesuré chaque seconde de cette après-midi, la chance de faire partie de ce cercle, le cercle de tes, de vos amis. Et l'accueil que tu m'as fait ne me permet pas d'en douter. Peut-être que la proposition de Mickael d'écrire sur cette particulière amitié a permis cela. Je croyais partir sur autre chose, j'étais partie sur autre chose, peut-être, qu'égocentriquement, j'aurais parlé de moi noyée dans ton toi. Tu sais Lo, *tu* comme ce que l'on vient d'évoquer, la deuxième personne, ton amitié en plus de m'être particulière m'est extrêmement précieuse, tu sais Lo, que je t'aime et que je n'ai pas honte de te le dire. Que j'aime ta douceur et ta pudeur, la pudeur de celui qui écrit sur lui, toi seul sais être ce que tu fais. Il faut du temps pour déverrouiller les verrous d'un Herrou, mais tu sais Lo, je te l'ai dit, pas le premier jour mais pas loin, le temps, je l'ai et j'ai surtout la chance incroyable de sentir que tu vas me le laisser, ce temps aussi précieux que l'est notre amitié. Alors, en attendant que tout cela se fasse, sois heureux mon Lo, soyez heureux mon jumeau poilu, oh merde Lo, si y a bien un type sur terre, ou au moins dans le Cher qui le mérite, c'est bien toi. Oh merde, Lo ! Ç'ui qu'est pas content, on lui pisse au cul, et je t'aide moi, avec mon petit clito, je l'arrose pour toi.

Je t'adore, smiley clin d'œil alt 3, mon Lo, mon Love.

A.

Mercredi 7 septembre.

J'ai reçu des excuses de la part de Jule parce que je reprends le travail demain. Des excuses parce que, depuis six ans, je me payais le luxe de travailler à temps partiel, pour écrire surtout et m'occuper des enfants aussi. Des excuses parce que ce luxe, je ne peux, il ne peut, plus me l'offrir. Demain, je reprends mon temps plein. Le bol que j'ai, c'est d'avoir une patronne qui accepte de me reprendre alors que vraisemblablement les choses se passaient bien sans trop de moi.

J'ignore si je vais écrire encore, pour être honnête, je ne crois pas que j'en aurai le courage et l'envie. Je suis en colère. C'est un fait. Je suis surtout en colère parce que ce monde est bourré d'injustice, parce que j'avais encore mille choses à écrire, parce que la moisson désastreuse, la situation de plus en plus précaire des céréaliers, les factures qui s'entassent.

Je suis en colère, maman m'a dit que j'étais née en colère, elle doit avoir raison, j'ai dû venir au monde dans cet état pour qu'à ce point, ça ne me quitte pas.

Demain, je reprends mon job à plein temps et je fais, doucement, avec ce *Journal*, mes adieux à la littérature. Qui, soit dit en passant, est un monde aussi impitoyable que tous les autres mondes de l'univers.

J'ai embrassé Jule sur la bouche et dans le cou et sur les joues, ma main sur sa jambe, je lui ai dit qu'il n'avait à s'excuser de rien et surtout pas de cela, que cette vie, on l'avait, ensemble, décidée. La maison, les enfants. Et qu'ensemble, on allait assurer et se relever et repartir et rejouir de la vie.

Dans sept ans, il a dit. Sept ans à manger les patates que, dimanche, nous irons glaner.

Mais dans sept ans, plus personne ne m'attendra.

Ça, je ne lui ai pas dit parce que ça lui ferait plus de mal à lui qu'à moi.

Samedi 10 septembre.

Mon premier mariage n'a tenu que le temps de célébrer les noces de coton. Le père de mon fils s'étant fait la malle avant celles de cuir, j'avais fait une croix à tout jamais sur l'amour et encore plus le mariage. Jule a réussi à me convaincre de l'épouser et nous fêtons aujourd'hui nos noces de bois. Je me demande souvent lequel de nous deux viendra fleurir la tombe de l'autre et si l'on aura la peau des noces d'étain, de porcelaine, de perle, d'émeraude et pourquoi pas, soyons fous, de l'or ! Nous aimerons-nous encore ?

Nous chamaillerons-nous encore ?

Nous réconcilierons-nous encore ?

Et la nuit, blottis au fond du lit, nos deux corps tout flétris se serreront-ils toujours si fort que nos os, chaque soir, manqueront de s'y briser ?

Dimanche 11 septembre.

Il y a 15 ans, j'étais assistante dentaire à Dijon. Entre deux soins et deux stérilisations, les tours s'étaient écroulées. J'avais 21 ans, je me souviens être restée prostrée devant la télévision à me demander si c'était la réalité ou un film à gros budget. Je n'avais pas peur pour moi. Je n'avais pas d'enfant. Égoïstement, le monde aurait pu s'écrouler, s'enflammer, s'enneiger, je n'en avais presque rien à foutre de tout. J'avais 21 ans, je fumais énormément, du matin au soir et du soir au matin. J'étais absolument et passionnément amoureuse d'un garçon qui s'appelait Vincent et qui m'aimait de la même façon en retour. Nous étions jeunes. Nous étions fous. Nous étions passionnés. Totalement. Je n'ai jamais aimé aussi passionnément qui que ce soit.

Quinze ans plus tard, à l'heure où les tours s'écroulaient, je glanais les patates que j'allais manger les sept prochaines années.

Le monde s'est écroulé.

Je n'en ai pas eu rien à foutre du tout.

J'ai maintenant deux enfants pour qui je tremble à chaque instant.

Vincent est décédé en septembre 2003.

J'aime encore.

Différemment.

Le temps a soigné les blessures du passé et en a créé d'autres sur son passage.

Mais les plaies finissent toujours par se refermer. Plus ou moins proprement, selon qui et comment on nous aide à les panser.

Jeudi 15 septembre.

19 h 40. Je viens de terminer les devoirs de Léopold. Une quarantaine de mots, en anglais, pour demain. Une longue liste de mots qu'il a depuis une semaine.

Where.

Nowhere.

There.

Other.

Because.

Like.

Il rigole. Il dit : « Ah oui, c'est pas comme le *like* de *Facebook*. Ça veut pas dire j'aime ! » Je le regarde, je lui fais un clin d'œil, mon pouce droit en l'air, je lui tire la langue, mimique à fond et lui dis : « Non, ça veut dire *Like a boss* ! » Dans ma tête, j'ajoute à la phrase un *smiley* clin d'œil. Je pixellise à fond, je n'arrive pas à me défaire de ce mode de communication, d'échanges, de recherche de soi dans la quête de l'autre. Il rigole encore et écrit, *like*.

19 h 43. J'entends les enfants jouer, enfin, dehors. Il fait encore jour, bientôt l'été ne sera plus qu'un lointain souvenir. J'ai dit que j'allais me démaquiller et j'ai chopé mon portable direction la salle de bains. La baignoire fuit, il y a une odeur, une atmosphère humide. Je préfère écrire avant de me démaquiller, pourtant j'en aurais bien besoin. J'ai la peau sale, qui colle, qui dégouline. Les yeux panda à cause du mascara, car j'ai pleuré vers 13 h 30, d'épuisement moral plus que physique. Ce matin, j'ai réalisé que les enfants n'avaient pas fait, pas correctement, leurs devoirs. Je me suis dit qu'en plus de cela, je n'avais pas écrit mon *Journal,* moi non plus. Je me suis dit que des deux, il faudrait choisir, et que le pire, en ce moment, c'était de ne pas être capable de trancher. De décider une bonne fois pour toute d'arrêter d'écrire. Ce serait tellement plus simple. Pourtant, j'ai du mal à me résoudre, à abandonner. Même si la douceur du foyer m'appelle. La quiétude de l'absence des doutes. La sérénité. De ne pas avoir à écrire. D'être débarrassée de ça. D'admettre que j'en suis incapable et d'abandonner. Ne plus avoir à y penser et faire uniquement ce que la vie attend de moi. Aller travailler et m'occuper de mes enfants. Voilà le courage d'admettre qu'il me faudrait… ce courage que je n'ai pas.

19 h 48. Je vais devoir me démaquiller. Le repas n'est pas prêt. La baignoire fuit toujours. Les enfants ont fait leurs devoirs. Juste avant de rentrer, j'étais allée acheter des croquettes pour les bêtes et puis de la crème, pour mon visage. J'avais pris un livre pour Elisa, cinq euros même pas. Celui pour Léopold était trop cher, je l'avais laissé en caisse. J'avais fait le plein. Juste avant la journée de 8 heures avec la panne réseau, au laboratoire, la plus importante depuis des lustres. Et cette interminable après-midi où j'avais pu parler sur Internet avec Ange, en sms avec Lili, de vive voix avec Laurent. Jule ne répondait pas. Cette interminable journée, où j'avais tant pleuré.

C'est fini maintenant, je vais aller préparer le repas, à moins que Jule s'y mette, boire une bière, encore, peut-être, me démaquiller, il faudrait, et stop.

Demain, comme tous les matins, je me promettrai, inlassablement, que je vais arrêter d'écrire et que je ne vais pas en mourir. Et dès que possible, je recommencerai.

Dimanche 18 septembre.

À Emilie,

Et au temps qui passe et qu'on voudrait retenir.

Sylvie est morte cette nuit. Émilie, qui devait passer prendre un café, depuis hier déjà, et puis finalement, coincée dans les embouteillages en rentrant de Villejuif hier soir, m'avait dit : « Plutôt dimanche matin ! » Et moi j'avais répondu : « Pas de problème, je suis là, je ne bouge pas. » À 8 heures, ce matin, le téléphone avait sonné. Celui de Jule et il me l'avait passé. Il avait dit, me tendant l'appareil : « C'est Mimile. » Je croyais qu'elle était devant le portail de la maison, que j'avais raté l'heure, je m'excusais presque déjà mais sa voix ne disait rien.

C'était comme si elle attendait le top départ pour parler. Elle a dit d'un coup : « Maman est morte, cette nuit Lala. » Je n'ai pas fait répéter, j'avais très bien compris. Elle a dit qu'elle montait à Villejuif, avec son papa, qu'elle ne savait pas quoi emmener, elle a dit qu'elle s'y attendait. Je ne savais pas quoi dire, toute parole est vaine quand la vie s'arrête. Toute parole, quoi qu'on dise, rien ne réconforte vraiment. Ce sont plus les gestes, je crois, la présence, le mieux, peut-être, c'est de se taire. J'ai dit que je ne savais pas quoi dire, que j'étais là, on n'est pas resté longtemps au téléphone. J'ai tendu l'appareil à Jule qui commençait déjà à se rendormir pour qu'il le pose sur son côté du lit et je me suis levée.

J'ai vu que j'avais trois appels en absence. Deux d'Émilie et un de Lili. J'ai fait couler un café et j'ai commencé à tourner en rond. Je me suis mise à penser à Émilie, fille unique, qui venait de perdre sa maman, fille unique, sans frère ni sœur pour porter le fardeau de l'absente. Émilie, qui avait déjà perdu ses deux cousines, deux sœurs, dans un terrible accident de la route, six ans plus tôt et qui ne s'en était, d'une certaine manière, jamais remise. À cette journée terrible, ce 18 septembre, où l'une d'elle aurait soufflé ses 23 bougies. Au sort. Au putain de sort qui s'acharne. Aux bougies qu'elles ne souffleront plus, à la famille qui d'un coup se désintègre, se désagrège, aux repas qu'on n'organisera plus, aux anniversaires, aux bonnes années qu'on ne se souhaitera plus. À quoi bon ? Au temps qui passe et qu'on voudrait retenir. À l'insouciance et à comme c'était bien d'être des enfants et de nous croire immortels.

Jule, une heure après, s'est levé. Il n'avait pas compris, en me tendant le téléphone, qui était à l'autre bout et moi j'étais un peu colère qu'il ne se secoue pas tout de suite, avec moi. La colère, quand on est triste, c'est très pratique. Ça permet de repousser l'échéance des larmes. Jule m'a demandé ce que j'avais, en se frottant les yeux encore pleins des crottes de la nuit. J'ai dit, sèchement : « Sylvie est morte. » Il m'a fait répéter. J'ai dit qu'il m'avait tendu l'appareil, en me disant que c'était émilie, qu'il m'avait même parlé, juste avant de se rendormir, qu'il avait forcément compris. Il a dit que non et c'était vrai. Il a ouvert ses bras pour que je m'y réfugie mais je n'ai pas pleuré. J'ai pensé à ce jour de l'an, où j'avais demandé à Sylvie l'autorisation de parler d'elle, de l'évoquer, dans mon premier roman. Je lui avais expliqué qu'il était terminé, qu'il allait être publié, que j'étais gênée, que je ne savais pas comment elle allait le prendre, que j'avais écrit sans lui demander si elle était d'accord ou pas. Je me souviens. Nous étions à La Toussuire, c'était le 31 décembre, on buvait du rhum, on fumait des clopes, dans le hall du restaurant. C'était juste avant qu'on ne découvre son premier cancer. C'était la nuit du 31 décembre 2014 au 1er janvier 2015. J'avais dit à Sylvie que pour qu'on ne la reconnaisse pas, je l'avais appelée Olivia. Sylvie m'avait dit qu'il n'en était pas question. J'avais pensé mince, zut, je suis dans la merde. Elle avait ajouté qu'elle était très touchée, émue, que j'écrive sur elle mais que le plus grand des honneurs, c'était que je lui rende son prénom. J'avais eu envie de la serrer dans mes bras, de l'embrasser, elle et ses yeux humides. Dans la soirée, j'avais envoyé un mail à mon éditeur, on lui demandant expressément de changer tous les Olivia par des Sylvie. Je me souviens, après sa première cure de chimio, être allée voir Sylvie, être allée lui offrir ce premier roman, lui dire qu'en écrivant sur les gens, on les rendait immortels. Elle était en peignoir, amaigrie, fatiguée, lasse déjà de la maladie. Elle m'avait demandé si elle n'avait pas mauvaise mine, j'avais répondu que je m'attendais à pire. Que c'était encourageant. Elle avait répondu : « Tu parles, t'as vu à quoi je ressemble ! » J'avais voulu, encore une fois, la prendre dans mes bras mais j'avais eu peur, tellement peur, de la casser en mille morceaux de Sylvie.

Mercredi 21 septembre.

Sur le visage de Léopold, j'ai essuyé des larmes que j'avais fait couler. J'étais sur le canapé, je raconte, c'est important. Voilà comment les choses sont arrivées. J'étais sur le canapé, j'avais dit, je ne débarrasse pas, je suis trop fatiguée ce soir. Nous étions allés chercher des pizzas, je n'avais pas eu le courage de faire à manger non plus. J'étais fatiguée. Il faut encore remonter, pour comprendre. Léopold avait répondu : « Je peux dire un truc ? » Je l'avais regardé. Il avait ajouté : « Bah, t'es souvent fatiguée, alors ! » Je n'avais pas répondu, j'avais seulement enfoncé ma tête dans le coussin, le coussin sur le canapé. Je ne m'étais pas levée. Je ne le pouvais physiquement pas. Ce matin, cette nuit, des vertiges spectaculaires, j'avais, au réveil dit à Jule de se pousser, de soulever son corps et de me faire passer en dessous. De l'autre côté du lit, Elisa dormait. Elle avait fait un cauchemar, des suricates se tenaient devant elle et souhaitaient qu'elle les prenne en photo. Elle avait eu peur, s'était levée, sa présence dans l'encadrement de la porte m'avait réveillée. Je n'avais pas regardé l'heure, il était peut-être deux, trois, quatre heures du matin, honnêtement je n'en sais rien. Je lui avais dit de venir, de s'allonger et de se rendormir. On était un peu serré mais j'adore moi, sentir la peau de mes enfants contre moi quand je dors. J'étais donc passée sous Jule, m'étais levée, puis écroulée. Je m'étais tenue aux murs du couloir, le couloir qui mène à la cuisine et au salon, une pièce à vivre sans cloison. J'avais fait couler un café que j'avais, dans l'ordre, bu puis rendu. Ça m'était déjà arrivé l'an dernier, je croyais que c'était mon oreille interne. Les enfants, puis Jule, s'étaient levés et avaient regardé maman vomir sa bile dans les cabinets. Jule avait proposé de me faire un café et Léopold avait répondu que je venais d'en rendre un. J'avais mis 45 minutes pour me rendre au travail contre 22 en temps normal. Mes collègues avaient fait quasi tout le boulot à ma place, sans rien dire, c'était un peu passé. Nous avions rendez-vous chez l'allergologue à 14 h 15 pour les certificats médicaux des enfants, Léopold au foot, Elisa aux multisports. J'avais eu un rendez-vous en urgence chez un ORL, à 15 h 15. C'était jouable. À Jule, j'avais demandé qu'il ne parte pas, comme prévu, pêcher deux jours. J'étais incapable de me rendre à tous ces rendez-vous, d'emmener Elisa à la salle polyvalente. De revenir. D'emmener Léopold au stade. De revenir. D'aller chercher Elisa à la salle polyvalente. De revenir. D'aller chercher Léopold au stade. De revenir. De faire à manger. De faire les devoirs. De faire. N'importe quoi, j'en étais incapable. L'ORL a dit que ce n'était pas du tout l'oreille interne, il m'a fait passer pour une greluche par-dessus le marché. Du genre, qu'est-ce qu'elle raconte celle-là avec son oreille interne, regardez monsieur, sa pupille ne bouge pas et Jule avait regardé et confirmé que ma pupille ne bougeait pas. Il avait tout de même ajouté, que ce matin, la tête dans les chiottes, c'était peut-être pas l'oreille interne mais c'était pas du chiqué. J'étais repartie avec une ordonnance pour une IRM cérébrale en urgence et une consultation chez un ophtalmo, en urgence aussi.

Léopold m'avait demandé, juste après sa petite vanne que je n'avais pas appréciée, où ranger la roulette à découper les pizzas. J'avais répondu : « Je sais pas, je suis fatiguée. » Il était reparti avec sa roulette, était allé se laver les dents, puis, au moment du coucher, m'avait embrassée puis s'était excusé. J'avais répondu que oui, c'était pas très sympa, qu'il savait que je n'étais pas bien, que c'était pas du chiqué, que j'étais pas une feignasse. Il s'était écroulé en larmes. Merde. Merde de merde. Je l'avais serré dans mes bras, dit : « Non non non, pleure pas Léo, c'est pas ce que je voulais. » Je lui avais dit que j'étais fatiguée, qu'un autre jour sa vanne, j'en aurais rigolé, mais qu'aujourd'hui non. Il avait pleuré encore plus fort.

J'avais demandé pardon. J'avais dit qu'il était sur la terre toute entière, la personne la plus gentille et aimante avec moi. Que c'était vrai, que je jurais. Qu'il était celui qui se souciait le plus de mon bien-être que j'avais un bol monstre d'avoir un môme comme lui. Que c'était pas grave une toute petite phrase pas sympa. Que c'était déjà oublié. Il était sorti de sa chambre, s'était mouché, était revenu et on avait fait un énorme câlin.

Je lui dirai à nouveau demain, pour qu'il ne l'oublie jamais, à quel point il est un fils merveilleux.

Jeudi 22 septembre.

Et ce matin, sécher les larmes d'Elisa qui craint qu'on se moque d'elle à cause d'un pantalon jaune que déjà l'autre jour Enzo s'est moqué du bonnet que je lui avais tricoté et l'a traitée de tête de chameau. Le bonnet est dans l'armoire, elle n'a plus jamais voulu le porter. Petit con. Je lui ai dit qu'Enzo avait une tête de piaf, qu'elle n'avait qu'à mettre son visage entre ses deux doigts et, en un seul coup, crac, l'écrabouiller. Jule a dit qu'il allait lui péter les dents à ce petit con d'Enzo. Elisa pleurait encore. Elle disait : « Il va me traiter. » J'avais répondu : « Te traiter de quoi ? De pantalon jaune ? » Je sais, oui, je sais, mais céder et lui dire d'aller changer son pantalon, ce n'est pas une bonne idée. Et que même si on se moque, c'est la vie. Je lui ai dit que c'était nul de se moquer des copains comme ça. Qu'elle devait s'en ficher, que les méchants comme ça, faut pas les écouter. J'avais fait le geste, on leur pisse au cul. Mon bassin en avant, le bruit du pipi. Elle avait, enfin, rigolé ! « D'accord maman ! » elle avait dit, puis elle avait fait le bruit du pipi qui coule. En la regardant descendre les escaliers, j'avais gueulé dans la rue : « Allez ma fille ! (levant le bras en l'air), t'as peur de rien ! Nan mais oh ! » J'avais crié encore : « À ce soir mon chaton, je t'aime fort ! » Et elle avait répondu : « Moi aussi maman, à ce soir ! »

Quel bonheur incroyable d'avoir des enfants.

Et puis, cependant, quelle douleur aussi parfois.

Vendredi 23 septembre.

À l'heure où j'écris, Sylvie fait son dernier trajet en un seul morceau puisque c'est en cendres qu'elle va revenir pour être enterrée au cimetière de Villeneuve-la-Guyard. Village où elle est née, où elle a grandi, où elle est morte puis enterrée. Comme ses parents. À Émilie, j'ai envoyé un message en lui disant que je pensais de tout mon cœur à elle. Elle m'a répondu qu'elle ne pleurait pas, que c'était une tête de mule mais que sa maman détestait la voir chialer. Je lui ai dit qu'elle était un exemple pour moi et que sa mère devait être vachement fière d'elle. Elle m'a répondu qu'elle avait sacrément intérêt.

Samedi 24 septembre.

J'ai manqué d'enterrer avec Sylvie, Jule aussi. Il était allé pêcher finalement, une nuit, bord de Loire. Il m'a avoué, aujourd'hui seulement, avoir vu la mort en face. Avec son copain de pêche, ils ont traversé le fleuve, devaient amarrer sur une petite île, poser tout le matos et y passer la nuit. Revenir le lendemain, hier donc, enterrer Sylvie. Mais la barque, à mi-chemin, s'est retournée. Jule s'est retrouvé à l'eau, ses bottes se remplissaient, il avait de moins en moins pied et nage de toute façon comme une soupière. Il a tenté de sauver le maximum de matos possible. Cannes. Échosondeur. Lit de camp. Duvet. Il a fait ce qu'il a pu et puis a dû se résoudre à abandonner. C'était ça ou mourir noyé. Je crois qu'il est choqué. Je crois qu'il a eu peur. Je crois que j'ai failli faire une jeune et belle veuve éplorée.

Mardi 27 septembre.

Au laboratoire, j'ai remercié les filles qui m'ont remplacée vendredi pour que je puisse assister non pas à la crémation mais à l'enterrement des cendres, vendredi après-midi. L'une d'elles m'a présenté ses condoléances. L'autre m'a littéralement envoyé chier en me disant que je n'avais pas à la remercier puisqu'on ne lui avait pas laissé le choix. Je lui ai donc répondu que je ne la remerciais pas du coup, et l'ai traitée de connasse aussitôt son dos tourné.

Vendredi 30 septembre.

Plus personne n'attend, fleurs à la main, que le cimetière ouvre ses grilles. Je ne sais pas, je ne peux pas savoir, si le vieux monsieur est mort ou si simplement il a compris que déposer des fleurs sur des pierres tombales ne faisait pas revenir les morts.

OCTOBRE

Que deviennent toutes les larmes
qu'on ne verse pas ?

JULES RENARD

Lundi 3 octobre.

Hier soir, devant la télé, j'ai dit à Jule que j'avais toujours rêvé d'être caressée, pelotée par une main de politicien. Que ça devait être doux et lisse et mou, une main de politicien. Pas rugueux. Pas râpeux. Comme la main de mon cul-terreux. Qu'être caressée par une main qui n'a jamais servi à rien, ça devait être méga bien. Arnaud Montebourg en tête de gondole me faisant la cour moyenâgeuse comme on fait l'aumône à une vieille gueuse. Qu'on pourrait sur M6, les inviter à *L'amour est à l'Élysée* et, touché par la grâce et la précarité, on rencontrerait David Rachline et sa tête de grosse pine. François Coppé. Bertrand Delanoë. Jean-Marc Ayrault. Jean-Louis Borloo. Leurs fines mains molles. Leurs panses difformes se frotteraient aux ventres des femmes. Des mots d'amour rances, ils y chanteraient l'épargne, la dette et les réformes fiscales. Hier soir, j'ai dit tout cela à Jule et j'ai pris sa paume en photo et j'ai caressé sa corne épaisse et rugueuse. Et dans sa main, entre les ampoules et son alliance, j'ai vu le fossé, la tranchée, qui sépare ceux qui nous gouvernent et nous, le petit peuple abîmé.

Mardi 4 octobre.

Mon cher *Journal*,

Je n'ai rien. Je n'ai médicalement rien. Il y a des moments où la vie s'arrose et hier soir, c'était mousson. Je viens de passer quelques jours à littéralement, passe-moi l'expression cher *Journal*, chier dans mon benne. Parce que même si ce qu'on avait trouvé n'était mortellement pas grave, ça me faisait quand même pas mal suer. Parce que examens, hôpitaux, traitements, stress, angoisses, doutes, peur et inconfort… Là, bordel, rien.

Le médecin, en examinant le DVD de ma tête, inclinait un sourcil, tournait la tête, l'air peu sûr. C'est un spécialiste le monsieur, alors sa tête dans un premier temps ne me disait rien qui vaille. Puis, au fur et à mesure, il la voyait de moins en moins la boule dont on me rabote l'esprit depuis deux ans. « Ce doit être votre tête qui est faite comme ça, regardez ! » a-t-il dit. Tu penses, cher *Journal*, que j'ai regardé et j'ai même fait mine de comprendre ce dont il me parlait. Il a ajouté que peut-être et quand bien même on trouverait un truc, on le laisserait, il ne gêne pas, je peux dormir tranquille. Je ne sais pas ce que j'ai entendu à ce moment-là, je sais juste qu'en sortant je pleurais presque de joie en tenant le bras de Jule. J'ai envoyé des messages à ceux qui s'inquiétaient. J'ai appelé ma mère qui est en convalescence jusqu'à vendredi pour la pose de son épaule flambant neuve. J'ai senti le soulagement dans sa voix. J'ai envoyé un message à Lili qui m'a répondu « ben voilà » suivi d'un smiley qui sourit, puis à Ange, puis à Émilie qui depuis ce matin me demandait des nouvelles. À Laurent et à Fabienne aussi. Et puis, les larmes aux yeux, j'ai pensé de nouveau au futur, au temps qui peut encore se distendre, à mes enfants surtout et à la joie. Au soleil. Au vent. À la pollution. À la vie. J'ai pensé à tout cela et sur la route du retour, de Cochin à Chaumont, je n'ai eu envie que de les serrer dans mes bras.

Dimanche 16 octobre.

J'ai arrêté d'écrire. Ça fait plusieurs jours, plusieurs semaines pour ne pas dire plusieurs mois et je sens que ça ne reviendra pas. J'ai arrêté d'écrire et c'est comme ça, tu sais. Il n'y a rien à faire, rien à dire. Une tristesse, à peine, et encore j'ai tout juste le temps d'être triste. Petite, j'avais rêvé d'écrire un roman et je me suis accrochée à ce souhait et je l'ai réalisé. J'ai eu du rab, du bonus, cinq textes sont sortis mais aujourd'hui c'est fini et je ne peux pas, je n'ai pas le droit de me plaindre. C'est déjà beau, tu sais. Je croyais que ça allait me tuer mais c'est faux. Je n'ai même plus le temps de mourir, tu vois. Elisa, ma fille, ma Bouclette, m'a demandé tout à l'heure si à nouveau j'allais écrire et j'ai dit que non, je ne pensais pas. Je lui ai dit qu'elle devait être contente, elle a dit que oui. Jule s'en veut. Il croit que c'est de sa faute. Léopold, ça ne lui plaît pas bien l'idée que j'arrête, je le sais, je le connais. Mais je n'ai plus l'énergie d'écrire ou d'expliquer pourquoi je ne le fais plus. On n'arrête pas d'écrire comme on arrête de fumer. Pas quand on est une femme. Quand on est une femme, une mère, on a un devoir à accomplir et les rêves, on les met de côté, et puis c'est comme ça et pas autrement. Il n'y a pas de sevrage, pas de manque, on se lève, on s'agite, on fait ce qu'on a à faire et puis, c'est comme ça et pas autrement. Cette semaine, pour mettre du beurre dans les épinards, j'ai fait, en plus de mon job de secrétaire, des ménages. Tu vois, parfois on descend si bas qu'on se retrouve à nettoyer le caca des autres. J'ai pleuré, tu sais. Un petit peu puisque je n'avais pas le temps de pleurer plus longtemps, et puis je me suis dit que c'était comme ça et pas autrement. Que ça ne servait à rien de s'arracher les cheveux, les sourcils, de se foutre la rate au court-bouillon. Il y en a qui peuvent. Et d'autres qui ne peuvent pas. J'ai arrêté d'écrire et c'est comme ça. C'est dommage, je crois, mais c'est comme ça. J'ai arrêté d'écrire et, pour te le dire, je dois t'écrire puisque les mots brûlent dans ma gorge puisque les larmes montent tellement que tu vois, quoi, les mots ne sortent pas. J'ai arrêté d'écrire et il ne reste à présent plus que les tatouages sur ma peau pour me rappeler qu'on jour j'ai été un écrivain.

ALEXANDRA BITOUZET

BIBLIOGRAPHIE

Crash Test, Éditions Emoticourt, 2012
Ultra Black, Éditions Emoticourt, 2012
Interdit aux moins de 12 ans, Éditions Gros Textes, 2013
La folie que c'est d'écrire, Cactus Inébranlable Éditions, 2015
Le Bunker, neuvième témoignage, Jacques Flament Éditions, 2016

PARTICIPATION À DES REVUES :

EPLA, La Meute, 2012
Les Hésitations d'une mouche, *Mort aux rats*, 2012
L'Angoisse, *Journal d'une malade sentimentale*, 2013
Les Hésitations d'une mouche, *La femme du cul-terreux*, 2015
Les Éditions du Basson, *Madonna est aux abois*, 2015
Banzaï, *Polichinelle*, octobre 2015
Banzaï, *Qui a bu boira*, octobre 2015

Achevé d'imprimer
en avril 2017
par **Ouestélio**,
Brest, France.